Gertrud Teusen

# Schlau machen statt dumm surfen

## Wie Eltern die Medienkompetenz ihrer Kinder fördern

**Gertrud Teusen** studierte in München Kommunikationswissenschaften, Politik und Psychologie. Danach arbeitete sie als Journalistin für unterschiedliche Publikumszeitschriften. Ihr erstes Buch erschien 1988, inzwischen hat sie über 70 weitere Bücher verfasst. Themenschwerpunkte waren immer wieder Erziehungsratgeber. Seit einigen Jahren arbeitet sie zudem als Textcoach und Ghostwriterin sowie in der Filmbranche. Gertrud Teusen hat zwei erwachsene Kinder und lebt in der Nähe von München.

Die im Buch veröffentlichten Ratschläge wurden von der Verfasserin sorgfältig erarbeitet und geprüft. Eine Garantie kann dennoch nicht übernommen werden, ebenso ist eine Haftung der Verfasserin bzw. des Verlages und seiner Beauftragten für Personen-, Sach- und Vermögensschäden ausgeschlossen.

© Urania Verlag in der Verlag Herder GmbH, Freiburg im Breisgau, 2013
Alle Rechte vorbehalten
www.urania-verlag.de; www.herder.de

Umschlaggestaltung: Verlag Herder
Umschlagmotiv: © Ingo Bartussek – Fotolia.com
Projekt-Management und Lektorat: Dr. Ulrike Voigt, Stuttgart
Satz und Layout: Layoutsatz Kendlinger Mediendesign, Freiburg
Herstellung: Graspo, Zlín
Printed in the Czech Republic

ISBN 978-3-451-66023-8

# Inhalt

# Einleitung:
## Wenn Worte meine Sprache wären

... ist der wunderbare Titel eines Lieds, in dem der Sänger sein Leid klagt, nicht die richtigen Worte zu finden, um seiner Angebeteten seine Liebe zu gestehen. Das ist tragisch und komisch zugleich, denn wir leben in einer Gesellschaft mit schier unbegrenzten Kommunikationsmöglichkeiten. Trotzdem – oder gerade deswegen – sind Eltern oft sprachlos, wenn es um die digitale Medien geht. Und sie sind ratlos, wenn sie auch nur versuchen, klare Regeln für den Umgang mit den Medien gegenüber ihren Kindern aufzustellen.

## Medienkompetenz – was ist das überhaupt?

Der Begriff wurde von dem deutschen Erziehungswissenschaftler Dieter Baacke in den 1990er Jahren eingeführt. Medienkompetenz umfasst laut seiner Definition vier Bereiche: Medienkri-
tik, Medienkunde, Mediennutzung und Mediengestaltung. Seine
Intention ging dahin, einen kritisch-selbstbewussten Umgang
mit Medien zu fordern und zu fördern. Medienkompetenz bezeichnet nach Baacke „die Fähigkeit, Medien und ihre Inhalte
den eigenen Zielen und Bedürfnissen entsprechend zu nutzen".
Allerdings hat die Revolution digitaler Medien Baackes lobens-
werten Ansatz mittlerweile fast überholt. Es drängt sich eher der
Verdacht auf, dass die momentan zur Verfügung stehenden
Medien uns ihre Ziele überstülpen und Bedürfnisse wecken, die
man selbst nicht für möglich gehalten hätte. Ja, manchmal
scheint es, als führten sie uns in eine Abhängigkeit, die wir selbst
nicht wahrhaben wollen.

**Neue Medien schaffen Abhängigkeit**

Nun nutzt das ganze Jammern über den Niedergang der „alten
Werte" wenig, geht es doch vielmehr darum, selbst den An-
schluss nicht zu verpassen. Das bedeutet auch, als Erwachsener
kritikfähig zu bleiben und gerade deshalb bewusst mit diesen
Medien umzugehen. Kinder lernen früh von Vorbildern und
kopieren, was ihnen vorgelebt wird.

## Die Hardware zählt

Vereinfacht ausgedrückt geht es in diesem Buch um alles, was
einen Bildschirm hat – und sei er noch so klein. Das Buch kon-
zentriert sich also auf drei große Medien-Bereiche: das Fernsehen, das Handy und den Computer. Zumindest eine der drei
Medienformen gibt es in jedem Haushalt, oft auch alle drei –
und das häufig in mehrfacher Ausfertigung. Allein in Deutschland sind schon heute (2012) mehr als 113 Millionen Mobil-

telefone im Einsatz. Statistisch gesehen sind das 1,38 Handys pro Bundesbürger. Computer gibt es in 82 Prozent aller Haushalte und fast überall (99 Prozent) gibt es mindestens einen Fernseher. In einer Mehrheit der Familien (58 Prozent) sind es sogar drei TV-Geräte.

„Wussten Sie, dass mehr Menschen ein Handy besitzen als eine Zahnbürste?", witzelte SAP-Vorstandschef William McDermott auf seiner jüngsten Hauptversammlung. Und das ist ja nicht alles: „An einem Tag werden doppelt so viele Smartphones verkauft wie Babys geboren." Jeder dritte Bundesbürger besitzt bereits eines. Bei den unter 30-Jährigen ist es mehr als die Hälfte. Soweit ein paar ernüchternde Zahlen. Wenn Sie nun dieses Buch gekauft haben, dann sind Sie am Boden der Tatsachen wahrscheinlich schon angekommen. Ihnen ist bewusst, dass Medien, so segensreich sie sein mögen, immer größeren Einfluss nehmen und dass auch Sie sich dem nicht entziehen können. Ebenso wissen Sie wahrscheinlich, dass eine unbedachte Mediennutzung für Kinder nicht „gesund" ist. Die körperlichen und seelischen Konsequenzen des „Medien-Missbrauchs" sind längst bekannt. Die Frage ist also: Wie lässt sich Mediennutzung verträglich gestalten? Denn eine solche aus dem Leben Ihrer Kinder völlig herauszuhalten, ist schier unmöglich. Ein Kampf gegen Windmühlen, der nur unnötig Energie kostet.

**Doppelt so viele Smartphones wie Neugeborene pro Tag!**

## Wie kommuniziert die Kommunikationsgesellschaft?

Wir leben in einer Kommunikationsgesellschaft, doch die Masse der verfügbaren Medien macht uns zunehmend „sprachlos". Und wenn sie die Erwachsenen sprachlos macht, dann nimmt sie den Kindern die Chance, Kommunikation überhaupt zu erlernen.
Es lohnt sich, einen Schritt zurückzutreten und den Begriff „Kommunikation" näher zu beleuchten, ja mehr noch, einen

**Kommunikation muss gelernt werden**

kurzen Ausflug zu den Wurzeln zu machen. Das Wort Kommunikation hat seinen Ursprung im lateinischen *communicare*. Dazu werden unterschiedliche Übersetzungen angeboten – so beispielsweise *(mit-)teilen* oder *vereinigen*. Bei einer gelungenen Kommunikation braucht es immer (mindestens) zwei Beteiligte – einen Sender, der etwas zu sagen hat, und einen Empfänger, der diese Nachricht aufnimmt. Der Vorgang an sich *vereinigt* Sender und Empfänger, insofern ist Kommunikation eine soziale Handlung.

**Sprache ist viel mehr als „Worte produzieren"**

Aber Kommunikation ist mehr als der bloße Austausch von Worten: Sie ist auch der Transfer von Wissen, der Austausch von Meinungen und Gefühlen. Zudem sprechen Menschen untereinander nicht nur mit Worten, sondern unterstreichen das Gesagte mit Gestik und Mimik, mit Tonlage und Körpersprache allgemein. Oft wird das, was gesagt wird, durch die „Non-Verbale-Kommunikation" ad absurdum geführt oder verstärkt. Wer Sprache beherrscht, der hat ein machtvolles Instrument in Händen.

Zahlreiche Autoren behaupten nun, dass die individuelle Kommunikationsfähigkeit bei jungen Leuten stetig abnimmt – und ich bin geneigt ihnen zuzustimmen. Immer weniger Jugendliche sind in der Lage (oder besitzen den Mut) ihre Meinung, ihre Gefühle und ihr Wissen anderen mitzuteilen. Sie können sich schlicht nicht verständlich machen. Und wer ohne „Sprache" ist, wird einsam.

Vielleicht wird jetzt manch einer sagen „Moment, das stimmt aber so nicht! Wir leben doch in einer Kommunikationsgesellschaft." Das ist wohl wahr, jedoch kommunizieren wir weniger direkt und miteinander, sondern nehmen eher nur noch Informationen auf, die uns angeboten werden.

Ein einfaches Beispiel: Sie sitzen gemütlich mit Freunden zusammen und plötzlich taucht die Frage auf: Welches sind die sieben Weltwunder der Moderne? Gut, zwei, drei, vier kennt man landläufig, aber alle sieben? Noch vor zehn Jahren hätte man mit diesem amüsanten Wissensaustausch locker eine Stunde füllen können, heute geht das nicht mehr. Spätestens nach fünf Minuten hat einer in der Runde sein Smartphone gezückt, sich ins Internet eingewählt und referiert den Anwesenden den entsprechenden wikipedia-Eintrag inklusive der Begründung der Auswahlkommission und der historischen Hintergründe. Wie langweilig eigentlich.

Und so ist es das Gegenteil von Kommunikation, wenn Menschen zusammensitzen, aber alle auf ihr Handy schauen.

**Machen digitale Medien sprachlos?**

## Sprich mit mir!

Die Sprachentwicklung beginnt recht früh. Bereits im ersten Lebensjahr lernen Kinder durch Zuhören ihre Muttersprache von anderen Sprachen zu unterscheiden – und schon kurz danach wird von den Kleinen Sprache auch aktiv benutzt. Bekanntlich wird auch, je mehr die Eltern mit ihren Kindern sprechen, die Sprachentwicklung gefördert und unterstützt. Allerdings braucht es dafür die direkte Kommunikation, das Gespräch von Mensch zu Mensch, um diese Fertigkeit auszubilden. Läuft der Fernseher oder wird im Radio gesprochen, so hat das auf die Entwicklung der Sprache bei Kindern keinerlei Effekt. Die Kleinen brauchen den Live-Effekt: Sprache kombiniert mit Gestik und Mimik, nur so können sie den Kontext erfassen – und lernen dabei zu sprechen und zu kommunizieren.

**Sprachentwicklung ist „Face-to-Face"-Kommunikation**

Tatsache ist aber, dass in den Familien immer weniger miteinander gesprochen wird. Und dementsprechend haben Kinder immer seltener Gelegenheit, auf diesem Wege Sprache aufzunehmen. Ideal wäre es natürlich, wenn Eltern direkt mit den Kindern sprechen, denn das Ansprechen und Zuhören suggeriert emotionale Zuwendung, die den Lerneffekt steigert. Leider haben nicht alle Kinder das Glück, Sprache so lernen zu dürfen.

Und selbst wenn Ihre Kinder das Glück haben oder hatten, auf diese natürliche Weise ihre Sprachfähigkeit zu perfektionieren, so wird sie ihnen im Laufe der Kindergarten- und Schulzeit oft wieder „abtrainiert". Treten die digitalen Medien ins Leben der Kinder, dann ist mit der natürlichen Neugier und der Anwendung des Sprachtalents ohnehin bald Schluss.

## Digitale Demenz –
## Ein kleiner Ausflug in die Hirnforschung

Spätestens seit dem gleichnamigen Buch des Neurologen Manfred Spitzer ist der Begriff „Digitale Demenz" ein Thema. „Wie wir uns und unsere Kinder um den Verstand bringen", möchte der Ulmer Hirnforscher in seinem Werk erklären. Nun, so schlimm wird es vielleicht nicht werden, ein kurzer Fakten-Check hilft aber sicher, die Notwendigkeit kindlicher Kommunikationsförderung zu erklären.

Kinder kommen, wenn sie gesund geboren werden, mit der perfekten Grundausstattung für ein intelligentes Leben auf die Welt. Sie sind geboren, um zu lernen. Im Laufe der Jahre erlangen sie Wissen und gewinnen Erkenntnisse, sammeln Erinnerungen und erwerben Fertigkeiten. Das „Futter" für die grauen Zellen liegt sozusagen „auf dem Weg". Kleine Kinder lernen noch nebenbei, die etwas größeren „erwerben" Wissen, erst im Kindergarten und dann in der Schule. Je älter ein Mensch wird, desto schwieriger und aufwendiger ist es, Neues zu lernen. Die Hirnforschung weiß, dass nur ein regelmäßiges Training das Hirn in Topform bringt – und damit es auch so fit bleibt, ist es gut, ständig neue Herausforderungen anzunehmen.

Zum einen wachsen Hirnzellen in bestimmten Bereichen, zum Beispiel dem Hippocampus, ständig nach. Allerdings bleiben die Zellen nur dann am Leben, wenn sie richtig gefordert werden – dann nämlich, wenn der Mensch lernt. Tut er das mal

**Je jünger, desto besser lernt das Gehirn**

nicht, sterben die Zellen wieder ab und werden durch neue ersetzt.

In anderen Hirnarealen wächst nichts mehr nach, dafür wird aber nur ein Teil dessen, was an Hirnmasse vorhanden ist, aktiv genutzt. Erwirbt man neue Fähigkeiten und lernt in bestimmten Bereichen hinzu, dann nimmt in diesem Areal zwar nicht die Hirnmasse zu, aber die Verknüpfungen werden größer, stabiler und schneller.

Im Bezug auf digitale Medien sieht es nun so aus, dass man von ihnen nur etwas lernen kann, wenn man bereits etwas weiß. Die Informationsflut, die beispielsweise aus dem Internet auf den Benutzer einströmt, muss kanalisiert und selektiert werden, um als Wissenszusatz verwertet werden zu können. Die Alternative ist eine Überforderung.

**Der Umgang mit der Informationsflut braucht Wissen**

Zugegeben, ich habe den komplizierten Sachverhalt jetzt stark vereinfacht, aber darum geht es, wenn in diesem Buch von Medienkompetenz die Rede ist.

Geben Sie Ihren Kindern das Rüstzeug mit auf den Weg, die digitalen Angebote bewusst und unschädlich anzuwenden. Die Kompetenz, sie **zu benützen,** haben Kinder ganz intuitiv. Sorgen Sie dafür, dass Ihre Kinder auch wirklich **Nutzen** daraus ziehen können.

## Sprachliche Vielfalt – zum Beispiel durch Lesen

Noch einmal zurück zum Thema Kommunikation. Menschen können sich anderen Menschen nur in dem Maße mitteilen, in dem sie über die sprachlichen Mittel dazu verfügen. Die Basis für eine normale Sprachentwicklung bei Kindern ist Zuhören und Sprechen. Kinder lernen zu Beginn durch Nachahmung. Es ist allgemein bekannt, dass sich das Vorlesen oder Erzählen von

Geschichten in der Sprachentwicklung durchaus positiv auswirkt. Bei kaum einer anderen Gelegenheit können so viele
unterschiedliche Worte, Bezeichnungen, Stilmittel und Redewen-
dungen transportiert werden. Wenn Kinder dann auch selbst
lesen, dient das zudem dem Wissenstransfer.

Die Sprache in all ihrer Vielfalt zu erfassen, fällt umso leichter, je
mehr davon angeboten wird. Der Vorteil liegt auf der Hand:
**(Vor-)Lesen** Wer auf einen reichen Fundus von Worten, Begriffen und Allge-
**ist unersetzlich** mein-Wissen zurückgreifen kann, der versteht die Welt besser
und kann sich auch verständlich machen. Er kann Bedürfnisse,
Wünsche, Emotionen, Meinungen und Argumente formulieren –
und sich Gehör verschaffen.

Vor allem Lesen bildet! Und zwar das Lesen von Büchern, Zei-
tungen und Magazinen, nicht das Lesen von Bedienungsanlei-
tungen oder Blog-Einträgen. Der Einsatz (digitaler) Medien
kann das Lesen eines Buches nicht ersetzen, weil dadurch andere
Sinne beansprucht werden und im Gegenzug eigenständiges
Denken und die Fantasie auf der Strecke bleiben. Es entsteht
keine eigene Welt im Kopf, wenn alles vorgegeben ist.

## Vorgelebte Phantasie – das Fernsehen

Vielleicht können sich noch manche Leser an den Aufschrei des
Entsetzens erinnern, der einst durch die Ausstrahlung der „Teletubbies" (1999) hervorgerufen wurde. Damals orakelte man,
dass das Anschauen der Sendung die Sprachentwicklung von
**Was macht** Kleinkindern stören könnte. Allerdings belegte eine eilends initi-
**Fernsehen** ierte Studie dazu, dass die Kinder durchs Zuschauen ihren Wort-
**mit der Sprach-** schatz keinesfalls vergrößerten, geschweige denn neue Wörter
**entwicklung?** lernen konnten.

Heute würde man über solche Ängste maximal müde lächeln.
Ja, realistisch betrachtet, wird Kindern heute im Fernsehen
wirklich mehr geboten und Derberes zugemutet als die unschul-

digen Teletubbies es sich je getraut haben. Untersuchungen stellten fest: Deutsche Kinder haben nach zehn Schuljahren etwa 15.000 Schulstunden absolviert, aber rund 18.000 Stunden vor dem Fernseher verbracht. Bis zum 18. Lebensjahr haben sie so 200.000 Gewalttaten verfolgt und rund 40.000mal das Gesicht eines sterbenden Menschen gesehen.

Dass – von derart erschreckenden Statistiken abgesehen – zu viel Fernsehen ungesund ist, liegt auf der Hand und ist keine spektakuläre, neue Erkenntnis. Allerdings kann man inzwischen das Körpergewicht in Korrelation zum Fernsehkonsum berechnen. Fast schon ist man versucht, das gemeinsame Fernsehen im Familienverbund unter Schutz zu stellen. Denn es ist ziemlich egal, was im TV läuft – dass es sich die Familie noch gemeinsam anschaut, ist eher selten.

## Mein Handy und ich

Mit Handys und Smartphones verschwindet die digitale Welt in der Hosentasche und sorgt dafür, dass jeder allzeit erreichbar ist. In den Köpfen der Eltern entbrennt allein schon beim Gedanken daran ein heißer Pro- und Contra-Disput.

### Gibt es Pest ohne Cholera?

Gerne redet man sich ein, dass es ein Gefühl von Sicherheit vermittelt, das Kind mit einem Handy auszustatten. So kann es garantiert nicht verlorengehen, und dank google-maps findet es immer wieder den Weg zurück nach Hause. Eltern müssen sich keine Sorgen mehr machen, wenn der Nachwuchs sich verspätet, denn man kann ja anrufen, wenn er sich „verspielt" hat. Ein Handy gibt vermeintlich mehr Sicherheit, man bezahlt diese allerdings mit der persönlichen Freiheit. Und das bisschen Freiheit, das man gewinnt, wird mit Sorgen über mögliche Folgen schnell aufgefressen.

Und überhaupt, ab welchem Alter brauchen Kinder Handys? Leider ist das schon wieder eine Frage, die – sobald man eine Antwort niederschreibt – sich selbst überholt. Zwar gehört ein eigenes Handy definitiv nicht in die Schultüte, aber selbst in der Grundschule sind Mobiltelefone bereits Thema, sprich: sie sind verboten. Und wenn man sie verbieten muss, dann ist die Verbreitung bereits so groß, dass der Einfluss kaum noch zu regulieren ist. Handlungsspielraum ist in diesem Zusammenhang ein gutes Stichwort, denn es geht ja auch um die Kosten. „Flat" hört sich zwar billig an, kostet aber trotzdem Geld – zumal es ja auch ein Mobilteil braucht, dessen sich eine beispielsweise 13-Jährige nicht schämen muss.

**Gruppenzwang in den Klassen beschränkt Handlungspielraum**

Während man sich noch mit profanen Gelddingen beschäftigt, verdrängt man gerne die sozialen Nebenwirkungen verstärkten Handykonsums. SMS statt schnell mal sprechen – posten (senden oder schreiben von Beiträgen in Internet-Foren) statt persönlich – chatten statt quatschen = **I-solution!**

## „Social networks" und Computerspiele

Jeder Mensch, so sagt Gerald Hüther, Neurobiologe an der Uni Göttingen, komme mit dem Bedürfnis zur Welt, soziale Bindungen einzugehen, sich an echten Aufgaben zu bewähren. Doch Neugier und Entdeckungsfreude würden heute schon gebremst, weil besorgte Eltern ihre Kinder nicht mehr raus lassen. Daraus resultiert die Flucht in eine virtuelle Welt hin zu virtuellen Freunden.

Noch ein paar Zahlen, um die Relevanz zu unterstreichen: 81 Prozent aller 6–13-Jährigen haben Computererfahrung, 72 Prozent nutzen das Internet regelmäßig. Ein Faktum ist, dass die Nutzung solcher digitalen Medien die Persönlichkeitsentwicklung von Kindern beeinflusst.

Eine große Rolle wird dabei den Computerspielen zugeschrieben. Doch was macht die so faszinierend? Vielleicht liegt es daran, das Heranwachsende seit jeher durch Vorbilder lernten und diese natürlichen Leitfiguren zunehmend fehlen. Es gibt immer weniger natürliche „Role-Models" – und an deren Stelle treten künstliche Vorbilder aus dem Fernsehen und aus Computerspielen. Die Denk- und Verhaltensmuster dieser fiktiven Figuren funktionieren in der fiktionalen Welt auch bestens, nur in der Realität eben nicht. Der Erziehungswissenschaftler Wolfgang Bergmann stellt fest: „Kinder empfinden sich selbst in der Phantasiewelt des Computers als übergroß und mächtig. Alles, was sich ihnen in den Weg stellt, wird vernichtet. Da die Realität aber anders aussieht, flüchten sie sich zunehmend in die Phantasiewelt." Das reale Leben ist aber kein Computerspiel und gefallene Helden, einmal tödlich getroffen, stehen auch nicht wieder auf, nur weil „Game Over" angezeigt wird.

**Reale gegen virtuelle Vor-/ Rollenbilder**

Nun kann man das so oder so sehen – die eine Studie widerlegt die nächste Untersuchung, und Eltern können sich das heraussuchen, was ins persönliche Erziehungskonzept am besten passt. Trau, schau, wem? Das ist natürlich auch eine Frage, die sich im Zusammenhang mit sozialen Netzwerken mehr oder minder automatisch stellt. Kann ein Mensch mehr als 200 Freunde haben? In der wunderbaren Facebook Welt ist das keine Seltenheit. Doch was ist eigentlich so faszinierend an sozialen Netzwerken? Warum Facebook, Twitter & Co.? Menschen folgen der Masse, dem Rudel. Obwohl sie wissen (könnten), dass der Masse zu folgen keinerlei Garantie für den richtigen Weg bedeutet. Wer weiß, vielleicht ist die Masse ebenso orientierungslos im Netz unterwegs wie wir selbst. Da sind wir Mark Zuckerberg, dem Facebook-Erfinder, dankbar, der uns zeigt, wo es langgeht. Die so genannten sozialen Netzwerke sind alles andere als „sozial". Wer nur noch „Friends" und „Followers" als soziales Umfeld hat, weiß in der Regel nicht mehr, welchen Wert Freundschaft eigentlich hat.

## Schlau machen statt dumm surfen

„Medienkompetenz bedeutet die Fähigkeit, kritisch zu denken; kritisch zu denken, lernt man allein durch kritisches, verarbeitendes Lesen, und Voraussetzung hierfür ist hohe Sprachkompetenz." Mit diesem Zitat einem der ersten prominenten Pioniere der Computerbranche und Kritiker gedankenloser Computergläubigkeit, Joseph Weizenbaum, schließt sich der Kreis.

**Kritisch mitdenken ist wichtig**

Wenn wir ganz ehrlich sind, geht es uns doch genauso: Wir Erwachsenen verbringen mehr Zeit mit Computern, Smartphones und vor dem Fernseher als zusammen mit unserer Familie. Wir sorgen uns, um den Nachwuchs – und eigentlich sorgen wir uns auch um uns selbst. Wir haben das Gefühl, nichts gegen die „digitale Übernahme" unternehmen zu können.

Begleiten Sie mich auf einer informativen Reise durch die digitale Medienwelt. Und begleiten Sie Ihr Kind bei seinen Erfahrungen damit. Dieses Buch soll helfen, verträgliche Grenzen zu setzen. Universelle Erziehungsantworten gibt es hingegen nicht. Alles, was man raten könnte, klingt fast automatisch irgendwie altbacken bis unrealistisch – und doch liegt es vielleicht manchmal nur an der Interpretation des Gesagten, die neu geschrieben werden muss.

Dreh- und Angelpunkt ist dabei die Kommunikation. Sie ist der einzige Part in diesem Spiel, der es überhaupt möglich macht, Regeln zu erstellen. Und diese sind, selbst wenn sie nicht konsequent durchgesetzt werden, immer noch besser als schicksalsergeben aufzugeben.

# „Digital Native" versus „Digital Immigrant"

Was die Nutzung digitaler Medien angeht, sind die Kinder vom Mars, die Eltern von der Venus. Da treffen zwei Planeten aufeinander, und beide Seiten können sich zu wenig ins jeweils andere System hineindenken. Oder, um es mal ganz nüchtern auszudrücken: Eltern und Kinder pflegen grundsätzlich verschiedene Umgangsformen mit digitalen Medien. Daraus ergibt sich der galaktische Spagat, den es zu überbrücken gilt.

## Generation orientierungslos?

Der amerikanischen E-Learning Experte Marc Prensky prägte bereits 2001 den Begriff der „Digital Natives". Er beschrieb damit eine Generation, die mit den vielseitigen Anwendungsmöglichkeiten des World Wide Web groß geworden ist. Vergleichbar einer zweiten Muttersprache erlernen sie die Bedeutung von Browsereingaben, das Verwalten und den Umgang mit zahlreichen Daten und Formaten, fast spielerisch recherchieren sie im größten Informationspool aller Zeiten.

**World Wide Web – zweite Muttersprache oder Fremdsprache?**

Ihnen gegenüber stehen die Jahrgänge, die vor 1980 geboren wurden. Sie werden als „Digital Immigrants" bezeichnet. Aufgefallen war Prensky die Kluft zwischen „digitalen Ureinwohnern" und „digitalen Immigranten" an Universitäten und Schulen. In Bezug auf Internet- und Computernutzung stellte Prensky eine Umkehr des Wissenstransfers fest. Die *Lernenden* erklärten den *Lehrenden* die Möglichkeiten der digitalen Werkzeuge. Mittlerweile allerdings gibt Prensky zu bedenken, dass diese krasse Unterscheidung so heute nicht mehr haltbar ist: Angesichts der digitalen Durchdringung des Alltags verliere die Unterscheidung langsam an Wert. Die Grenzen zwischen den vor und nach 1980 Geborenen verschwimmen – die „Immigranten" holen auf.

**Die digitale Generation lebt anders**

Es vollzieht sich eine globale Revolution – auf der einen Seite eine technische, auf der anderen eine gesellschaftliche. Menschen, die mit den digitalen Möglichkeiten aufgewachsen sind, lernen, arbeiten, schreiben und interagieren anders als noch die Generationen zuvor. Sie treffen und verlieben sich sogar online – im Netz kommunizieren sie mit Menschen, denen sie real vielleicht nie begegnen würden, und haben damit scheinbar kein Problem.

Ein wesentlicher Unterschied: Während die „Immigranten" zwischen virtuell und real deutlich unterscheiden, trennen die „Digital Natives" off- und online nicht voneinander. Was für die einen virtuell ist, ist für die anderen gelebte Realität. Für sie sind digitale Medien nicht nur Kommunikationsmittel, sondern ein sozialer Raum, den sie durch Inhalte, soziale Netze und stetige Teilhabe aufbauen, erobern und erhalten. Das Internet ist für sie das Instrument des Wandels, in dem eigene Regeln gelten und das eigene Definitionen von Identität, Freundschaft und Privatsphäre entwickelt. Um es ganz drastisch auszudrücken: Viele „Digital Natives" fühlen sich durch ihre Avatare in „Second Life" oder „World of Warcraft" treffender repräsentiert als durch ihre reale Person.

Online zu sein bedeutet, *woanders zu sein* – nicht bei sich selbst sein, so sehen es die Eltern. Die Kinder sehen das offenbar anders. Für die Kids ist die digitale Welt eine Mitmachkultur. Durch zahlreiche Kreativtools werden Angebote und Kooperationsmöglichkeiten kreiert. Gratis verfügbare Blogs, Tauschbörsen für Fotos, Grafiken und Musik machen den herkömmlichen Dienstleistern Konkurrenz. Zumeist steht dabei gar nicht der Profit, sondern die Bereicherung des digitalen *Gemeinwesens* im Vordergrund. Das Web lässt die Nutzer zu digitalen Produzenten werden, deren selbst generierte Inhalte und Open-Source-Mentalität zunehmend die kostenpflichtigen Angebote ersetzt.

**Online – bei sich selbst sein oder gerade nicht?**

Die „Generation online" ist vor allem eins: multitaskingfähig, während Eltern das „Arbeitsverhalten" des Nachwuchses wohl eher als „unkonzentriert" bezeichnen würden. Diese spezielle *geteilte Aufmerksamkeit* ist aus der Sicht des Kindes eine Weise, die Dinge effizienter abzuarbeiten. Nicht zuletzt die frühe Beschäftigung mit Videospielen scheint eine andere Erwartungshaltung an Medien mit sich zu bringen. Das *Sich-Einlassen* auf langatmige Geschichten, ob im Film oder Roman, erscheint vielen der „Digital Natives" zu anstrengend. Ihre zunehmende Multitasking-Fähigkeit hat Einfluss auf das Nutzerverhalten.

## Generationen online – früher, heute, morgen

Laut Prenskys Definition sind *Digital Natives* zwar die, die nach 1980 geboren wurden, doch in der Tat lässt sich die Generation nicht per Datum abgrenzen. Denn was war denn 1980 schon computermäßig geboten? Relativ wenig bis nichts im Vergleich zu heute.

1998 benutzte einer von zehn Jugendlichen ein Handy, 2005 benutzte einer von zehn Jugendlichen **kein** Handy. Und heute gilt das gleiche wahrscheinlich für ein Smartphone.

Nehmen wir als Beispiel die *Echtzeitkommunikation*. **Früher** traf man sich zum Kaffee und tauschte Neuigkeiten aus, später saß man mit Kartoffelchips auf der Couch und schaute gemeinsam mit der Familie oder Freunden „Wetten, dass…" an. **Heute** steht die Familiencouch oder der Kaffeetisch in einem Chatroom. Der ist der Couchersatz des 21. Jahrhunderts, soziale Netzwerke sind Vereinsheime oder Stammtische, das Posten ist nichts anderes als das schwarze Brett von damals. Und E-Mails sind ein bisschen wie Rohrpost – oder?

**Jeder kann seine Meinung in die Welt setzen**

Vor dem Siegeszug von Web 2.0 und der digitalen Informationsmedien wurde die eigene Meinung zumeist nur am Tresen der Eckkneipen kundgetan, heute hingegen ist es ein Leichtes, eigene Thesen in einem Blog zur Verfügung zu stellen. Die private Meinung wird öffentlich. Daraus ergibt sich ein deutlicher Unterschied in der Kommunikationskompetenz der Netzgenerationen. Die Kreativtools des Netzes geben den Nutzern – überspitzt ausgedrückt – die Mittel an die Hand, aktiv am Weltgeschehen zu partizipieren und Einfluss zu nehmen. So sind die Digital Natives durchaus bereit, für ihre Rechte, Werte und Normen Politik zu betreiben – siehe Piratenpartei.

Auch die Digital Natives unterteilen sich inzwischen in verschiedene Generationen. Der Großteil derer, die heute Eltern sind, zählt wahrscheinlich bereits dazu – und doch liegen zwischen ihnen und ihren Kindern Welten.

Die Eltern von heute sind auch schon irgendwie mit Computern aufgewachsen, aber es gab einen gewissen Zeitraum, indem *analog* und *digital* gleichberechtigt existierten. Diese Eltern benutzen Computer und digitale Medien mindestens so selbstverständlich wie die Kids, aber dennoch mit einem markanten Unterschied: Sie sind zwar nicht *digital naiv* (wie die Süddeutsche Zeitung den deutschen Innenminister nach einer Grundsatzrede nannte), aber sie sind auch keine *early adopter*, keine frühen Nutzer, die den ganzen digitalen Kram schon durchschaut haben, bevor er auf den Markt kommt.

### Aber wie agieren die Eltern?

Wenn sie etwas wissen wollen, geben sie es bei Google ein. Der erste Weg führt sie zu Wikipedia. Sie sind auf Facebook oder Twitter; wissen, was ein Blog ist oder wie man einen schreibt. Überweisungsformulare kennen sie nur noch vom Hörensagen, Online-Banking ist doch viel bequemer. Wenn sie in Urlaub fahren, lassen sie die Route von Google-Maps berechnen und schauen sich das Ferienhaus via Google Earth von oben an. Hotel und Ferienhäuser werden natürlich auch online gebucht, nach dem ausführlichen Studium der diversen Bewertungsportale. All' das ist heute normal.

**Eltern sind auch ständig online!**

Sie versuchen auch immer wieder, Computerprobleme selbst zu lösen. Verbringen unendlich viel Zeit, die sie eigentlich nicht haben, vor der „Kiste", nur um schlussendlich doch die Hotline zu kontaktieren, die nach wie vor erst einmal das alte Patentrezept anbietet: „Haben Sie schon mal den Stecker gezogen und zehn Sekunden später wieder eingesteckt?" Erstaunlicherweise funktioniert genau das immer noch in 90 Prozent aller Fälle. Re-Start! Was macht aber den Unterschied aus? Genau diese Generation von Digital Natives hat noch genügend Jugendzeit in der frischen Luft und Offline verbracht, um sich über die Medienkompetenz der Kinder Sorgen zu machen. Aber wen wundert das, trat doch erst 1998 Google in unser Leben. Und mal ganz ehrlich, eine Welt ohne Google ist doch heute unvorstellbar – oder? Aber dann müssten doch Eltern und Kinder die gleiche Sprache sprechen?

Fakt ist, dass sie es nicht tun. Die unterschiedlichen Generationen bewegen sich in der digitalen Welt immer noch unterschiedlich. Die Digitalisierung der Welt hat zu einer kaum abschätzbaren Generationenbewegung geführt. Sie erscheint größer und beängstigender als alles, was schon mal da war. Doch vielleicht liegt das ja auch nur am Blickwinkel.

**Die Jugend sieht manches anders**

Warum sehen die Youngsters alles so anders? Es liegt in der Natur der Sache, im „Jung sein" an sich, da sieht man die Welt mit anderen Augen und mit unverstelltem Blick. Jugend steht über dem Dingen und sieht sie vielleicht auch deshalb anders.

## Liegt die Macht der Veränderung in der digitalisierten Welt?

Die digitale Medienkompetenz spaltet nicht nur Eltern und Kinder, also Menschen aus unterschiedlichen Generationen, sondern zunehmend auch Gleichaltrige. Dem Bildungssektor drohe eine verschärfte Form der Zweiklassengesellschaft, lauten Befürchtungen. Eine weitgehende Ignoranz der digitalen Welt und entsprechende Bildungsdefizite können verheerende Folgen haben.

**Bildungsdefizite im Bereich digitale Medien führen zur Zweiklassengesellschaft**

Für die Ausbildung des Nachwuchses spielen die Fragen nach Zugangsmöglichkeiten zum Netz und der Erwerb von Social-Media-Kompetenz zunehmend eine Rolle. Schüler und Lehrer müssen gleichermaßen mit sozialer Vernetzung im Internet umgehen und sie für sich nutzen lernen.

Droht in Zukunft also ein verstärkter Kampf zwischen der analogen und digitalen Kultur? Oder gibt sich eine ganze Generation virtuellen Fantasien hin, während die althergebrachten und bewährten Strukturen brachliegen oder ihnen gar der Verfall droht? Glaubt irgendjemand ernsthaft, dass wir uns um den

Verstand bringen, *das Denken verlernen*, nur weil es digitale Medien gibt und wir diese nutzen?

Oder sind solche vermeintlichen Hiobsbotschaften nichts als Panikmache? Für die Sozialanthropologin Mizuko Mimi Ito liegt der einzige Unterschied im Nutzerverhalten: „Der Gebrauch von Medien ist sehr zentral geworden dafür, wie diese Kinder und Jugendlichen ihre Persönlichkeit nach außen präsentieren. Sie sind es gewohnt, alle Informationen ständig verfügbar zu haben und selbstständig zu lernen." Idealerweise würden sie sich viel schneller anpassen als früher und ihre Kenntnisse und Fähigkeiten auf dem aktuellen Stand halten, ohne dass man sie zu einer offiziellen Weiterbildung schicken müsse.

**Antisoziales Verhalten bei jugendlichen Webnutzern?**

Ein antisoziales Verhalten hingegen, wie es zahlreiche Kritiker den Digital Natives vorwerfen, konnte die Forscherin in ihren Studien nicht ausmachen: „Wenn ich mir das Sozialverhalten dieser Jugendlichen ansehe, ist das gar nicht so anders als es unseres war. Sie hängen mit Freunden rum und haben romantische Beziehungen." So besteht der Konflikt nicht vornehmlich zwischen den Generationen, sondern zwischen einem konservativen und einem progressiven Gesellschaftsbild. Genauer betrachtet ist das Phänomen der Digital Natives keine Kulturrevolution, die alles Bestehende hinwegfegen wird. Vielmehr sollte sie als Kulturrevolution verstanden werden: „Sicherlich wird die Generation der Digital Natives die Industrie, die Weltmärkte, das Bildungssystem sowie die Politik verändern, aber das hat auch schon die Nachkriegsgeneration geschafft – ganz ohne Chats oder E-Mails", so Ito im Manager-Magazin.

Neu ist die Geschwindigkeit, mit der die Digital Natives die Gesellschaft transformieren. Johannes Gutenbergs Buchdruckerkunst brauchte einst rund zwei Jahrhunderte, um sich global durchzusetzen. Der Hörfunk benötigte noch zwei Jahrzehnte. Das Smartphone hat den Planeten in nur fünf Jahren erobert. So geht Entwicklung heute!

## Was sind die Folgen für die Familie?

Vielleicht ist jetzt schon manchen Lesern Angst und Bange geworden. Doch das muss nicht sein. Es soll nur verdeutlicht werden, dass es mehrere Sichtweisen auf das Problem gibt – und je mehr Sichtweisen, desto mehr Probleme, und desto differenzierter müssen auch die dazugehörigen Lösungen sein.

Fernsehen ist, in Bezug auf die Hirnentwicklung bzw. -beeinflussung betrachtet, ein passives und daher besonders *blödes* Medium, weil es nämlich gar nichts bewirkt. Insofern sind die digitalen Medien – also Computer, Pads, Tablets und Smartphone, die ja eine Interaktion bewirken, ein echter Fortschritt. Neurobiologe Hüther meint allerdings dazu: „Unser Gehirn kann zwischen virtuellen und nicht-virtuellen Welten nicht unterscheiden. Es passt sich jedoch zeitlebens seiner Nutzung an. Es ist somit ein schleichender Prozess von Generation zu Generation. Wohin das führt, weiß man heute noch nicht genau. Was passiert, wenn man ein Werkzeug wie das Internet zur Regulierung menschlicher Affekte wie Frust oder Langeweile missbraucht?"

Es gibt also keinen Grund, die Hände in den Schoß zu legen und zu glauben, alles geht schon seinen Gang. Alles wird gut, wenn man es nur laufen lässt. So ist es eben nicht. Zwar kann man sich entgegenstellen, doch die innere Verweigerungshaltung bringt auch nichts. Nochmals Hüther: „Es ist wichtig, dass wir dem Nachwuchs trotz aller medialen Ablenkung reale Erlebnisse erlauben und sie lehren, reale Beziehungen zu haben – sonst sterben wir aus."

So schlimm wird es vielleicht nicht kommen, aber es gibt eine Reihe von Möglichkeiten, wie Eltern zwar nicht „das Haus von Morgen" besuchen können, aber wie sie den Kindern das Rüstzeug mit auf den Weg geben, es intelligenter zu nutzen.

Neugier und Entdeckerfreude sind beispielsweise zwei kindliche Eigenschaften, die heutzutage viel zu oft ungenutzt bleiben. Sie werden schon allein dadurch ausgebremst, weil besorgte Eltern

**Familie muss ein Ort des Austauschs bleiben!**

ihre Kinder nicht mehr alleine nach draußen lassen. „Diese fehlenden Erfahrungsräume enttäuschen das Gehirn schmerzlich." Ganz fatal wird es, wenn dann noch künstliche Netzwerke und Computerspiele ersetzen, was in der Realität nicht klappt. „Shared Attention" nennt Hüther die Fähigkeit, sich mit anderen Menschen, mit Freunden, Eltern, Familie, verbunden zu fühlen. Wird diese Aufmerksamkeit nur noch mit Maschinen geteilt, verkümmert die soziale Bindungsfähigkeit. „Kein Kind braucht Facebook oder Ballerspiele, wenn es genug reale Erlebnisse gibt", so Hüther.

Allerdings: Facebook ist für die Kids auch Teil der realen Welt. Das ist das Problem.

## Kommunikation gegen Isolation

Früher spielten manchmal noch Eltern gemeinsam mit den Kindern ein Computerspiel – doch heute spielt jeder allein. Vieles befindet sich in einem Veränderungsprozess. In allen Bereichen des menschlichen Zusammenlebens beeinflussen online-Alltag und digitale Mobilität das Familienleben. Jeder führt sozusagen ein digitales Doppelleben. Und zwar immer und überall – auch unterwegs sind diverse Konsolen, Pods, Pads und Handys mit dabei – und ein Hotel oder Campingplatz ohne Internet-Hotspot geht gar nicht mehr.

**SMS = Dialog oder sprachlose Kommunikation?**

Manchmal hat man den Eindruck, dass man sich mit allen verfügbaren Medien geradewegs in die totale Sprachlosigkeit kommuniziert. Beispielsweise telefonieren Jugendliche immer weniger – aus Rücksichtnahme oder Widerwillen? –, sondern verschicken anstatt dessen SMS. Immer mehr Menschen sind ja nur noch über ihr Handy erreichbar, doch ein Anruf bei ihnen ist so etwas wie ein Einbruch in die Privatsphäre. Was, wenn man ihn/sie gerade auf dem Klo/an der Supermarktkasse/bei einer Klassenarbeit stört? Was, wenn er/sie gar nicht mit einem reden will?

Also mailt und simst man. Das ist unpersönlich, leicht zeitversetzt und erreicht sein Ziel dennoch. Die Sprache geht dabei allmählich flöten. Wir verstricken uns dabei in mehr oder minder kunstvollen Kürzeln und können nur hoffen, dass der Empfänger sich darauf einen Reim, und zwar den richtigen, machen kann. Und kann jemand, der nicht mehr klar, sauber und bisweilen ausführlich schreibt, noch klar, sauber und ausführlich denken?

Man muss kein „Nerd" sein (engl. für Langweiler, Sonderling, Streber, Außenseiter, Fachidiot), um auf solche Gedanken zu kommen. Zumal Computerfreaks, die so bezeichnet werden, doch auch nur Menschen sind, die sich in Computer und ähnlich komplizierte Sachverhalte vertiefen können. Per Definition wird diesen immerhin ein überdurchschnittlicher Intelligenzquotient als begleitende Eigenschaft zugeschrieben. Am häufigsten sind damit Computerenthusiasten gemeint – und davon gibt es hierzulande immer mehr.

**Wann wird die Nutzung problematisch?**

Etwa 250.000 der 14–24-Jährigen, so warnt die Suchtbeauftrage der Bundesregierung in ihrem Jahresbericht 2012, gelten als internetabhängig, 1,4 Millionen als problematische Nutzer. Nach den Erwachsenen fragt niemand. Aber das ist die bloße Statistik, pädagogisch-korrekte Anweisungen gibt es nicht.

Erfreulich ist, dass die JIM-Studie 2011 (= Jugend, Information, [Multi-]Media, Basis-Untersuchung zum Medienverhalten 12–19-Jähriger) feststellte, dass zwar immer mehr Kids online sind, aber 44 Prozent regelmäßig Bücher lesen und 42 Prozent eine Tageszeitung lesen. 40 Prozent vertrauen „gedruckter" Information mehr als digitaler. Das klingt doch beruhigend. Trotzdem weiß niemand so genau, wohin die Reise geht …

## Gemeinsam nicht einsam!

Wichtig ist, dass der Familienzusammenhalt von Anfang an ge-
pflegt wird, dass Eltern und Kinder viel gemeinsam unternehmen und dass viel miteinander gesprochen wird. Kinder finden
es auch im Wald, auf dem Spielplatz oder auf einer Bergtour
spannend. Natürlich ist es bequemer, auf den Knopf zu drücken
– und der Nachwuchs sitzt wie hypnotisiert vor dem Fernseher
oder dem Computer. Aber: Wenn sich Kinder früh daran gewöh-
nen, bleibt der Bildschirm auch später ihr Lebensmittelpunkt.

### Die Welt mit allen Sinnen erfahren ...

... dieses Ziel hat die so genannte *Erlebnispädagogik*. Sie
geht davon aus, dass sich besondere Erlebnisse, vor allem
die, die mit einer „Sinnwahrnehmung" verbunden sind,
nachhaltiger einprägen und lang andauernd fortwirken.
Die Beschäftigung mit digitalen Medien gehört definitiv
**nicht** dazu.

Das Gegenprogramm lässt sich unter dem Schlagwort
„die Welt begreifen" zusammenfassen. Für die Kleineren
ist das relativ einfach zu bewerkstelligen: Ein Spaziergang
im Wald, bei dem die Kinder beispielsweise „Bäume ertas-
ten", den Duft der Blumen beim Pflücken eines Wiesen-
blumenstraußes bewusst wahrnehmen oder mit einer
Lupe einen Ameisenhaufen beobachten, um den Mikro-
kosmos zu erforschen.
Die etwas Älteren muss man natürlich anders ansprechen
und vom Bildschirm „weglocken" – mit einer Kajakfahrt
im Wildwasser oder einem Reitausflug, überhaupt lässt
sich über das Zusammensein mit Tieren viel sensitives
Wissen und Erfahrung transportieren.

Wenn wir nichts dagegen unternehmen, dass Kinder ständig vor dem Bildschirm sitzen, nutzt es nichts, wenn wir auf FSK-Empfehlungen (FSK = Freiwillige Selbstkontrolle der Filmwirtschaft) geachtet, Festplatten kontrolliert und Vertrauen vorgegaukelt haben. Dann kommen wir irgendwann an den Punkt, an dem wir mit 14-Jährigen zähe Datenschutzverhandlungen führen, wer wessen Passwort wissen darf. Haben 14-Jährige schon eine digitale Privatsphäre? Die Kids meinen: Ja! Und schützen sie mit allen Mitteln.

**Privatsphäre Internet?**

Wir achten darauf, dass Hausaufgaben gemacht und Klavier geübt wird, doch was im Internet läuft, ist praktisch nicht kontrollierbar. Sherry Tuckle schreibt: „Wir müssen die Technik nicht ablehnen oder gering schätzen. Wir müssen sie in ihre Schranken weisen."

Die digitalen Geräte können nicht nur verändern, was wir tun, sondern auch, wer wir sind. Deshalb müssen wir mit dem Kindern auch darüber sprechen, was wirklich zählt. Denn: **Das Kind muss jederzeit mit seinen Eltern über das, was ihm im Netz begegnet ist, reden können. Und zwar ohne Vorbehalte und vor allem: ohne elterliche Vorwürfe!**

# Nicht ohne Handy

Das Smartphone oder Handy ist das Yin und Yang der digitalen Welt. Es steht für Freiheit und totale Kontrolle, ist Bedrohung und Erlösung zugleich. Die Ambivalenz des Produkts zerreißt jeden Nutzer: Ich liebe mein Handy. Und ich hasse es. Geht es Ihnen nicht auch so?

Ohne Handy oder Smartphone geht heute niemand mehr aus dem Haus. Der Fluch der ständigen Erreichbarkeit hat inzwischen (fast) jeden eingeholt, die meisten Eltern wahrscheinlich sogar noch ein bisschen mehr als die Kinder. Die Frage: „Wie gehe ich sicher und gesund mit meinem Handy um?" geht deshalb alle an.

## Nur ein Handy oder schon ein Smartphone?

Wenn Sie nicht gerade ein Elektronikfreak sind, der ohnehin immer auf der aktuellen Welle der neuesten Entwicklung mitschwimmt, ist es nicht ganz einfach, bei den ständigen zahlreichen Innovationen den Überblick zu behalten. Deshalb ein kleiner Exkurs zur Frage: Was macht das eine Mobiltelefon zum Smartphone, während das andere einfach *nur* ein Handy ist? Der Unterschied zwischen Handy und Smartphone ist je nach Ausstattung – nicht groß. Vereinfacht kann man festhalten: Ein Handy ist in der Hauptsache ein mobiles Telefon. Es gibt ganz einfache Geräte, die wirklich nur die Grundfunktionen des Telefonierens erfüllen. Allerdings ist es fast schon unmöglich, ein Gerät zu finden, das nicht mindestens auch SMS senden und empfangen kann.

**Was Handys alles können**  So ein Einfach-Handy ist heute sehr klein und leicht. Wenn Sie wirklich „einfach nur ein Telefon dabeihaben" möchten, ist das die günstige Lösung. Die meisten Handys haben heute aber schon eine „Grundausstattung", das Adressbuch, Radio, MP3-Player, Bilddatenübertragung (MMS), Foto- und/oder Videokamera und ähnliche, mehr oder weniger notwendige und nützliche Zusatzfunktionen einschließt.

Eine Art „Zwischending" ist ein Handy mit PDA (Personal Digital Assistent = persönlicher, digitaler Assistent). Technisch gesehen sind diese Geräte heute aber nicht mehr aktuell. Sie sind oder waren schon kleine, tragbare Computer, die in der Hauptsache für Aufgaben- und Adressverwaltungen eingesetzt wurden und auch Office-Dateien verarbeiten konnten.

PDAs sind heute abgelöst vom Smartphone, das im Wesentlichen durch die unterschiedlichen Betriebssysteme in I-phone und Android (jedes verfügt über ein eigenes Betriebssystem) unterschieden wird. Das Smartphone ist ein Mobilgerät, das neben den üblichen Funktionen noch mehr Computerfunktionen und Internetverbindung bietet. Zur „Kommunikation" wird WLAN oder

Bluetooth verwendet. Ein Smartphone verfügt aber auch über GSM oder UMTS, die es ermöglichen, unterwegs E-Mails zu empfangen und zu verschicken, Videokonferenzen und Internettelefonie zu betreiben oder beispielsweise über DVB-H Fernsehprogramme zu empfangen.

Ein Handy oder Smartphone ist längst nicht mehr nur Telefon. Es ist Musikstation, Radio, Fotoapparat mit integriertem Bearbeitungsstudio und Bildgalerie, Weltzeituhr, Wecker und Wasserwaage, Adressbuch, Diktiergerät, Taschenrechner, Terminplaner, Schreibmaschine, Notizzettel, Fahrplanauskunft, Ticketverkäufer, Wetterdienst, Safe, Postzentrale … Kurz: Ein Büro in Zigarettenetui-Größe, das immer mit dabei ist. Für die Kids ist es zudem Spielekonsole, Videokamera, Kompass, Kino, Lexikon, Bibliothek und, und, und … Die Vielzahl der Benutzungsmöglichkeiten sorgt dafür, dass es einem nie langweilig wird. Deshalb haben Handys auch einen erhöhten Suchtfaktor.

### Aber: Macht das Handy süchtig?

Ja, nein, weiß nicht – da streiten sich die Experten und die normalen Nutzer sind auch nicht schlauer. Tatsache ist, dass uns diese mobilen Teile zwar einerseits eine neue Welt eröffnen, uns andererseits aber zwingen, Dinge zu tun, die wir zuvor nicht mehr selbst erledigen mussten. Sie fordern uns auf, *mehr* zu wollen, ohne dass wir wissen, *warum* wir es wollen. Wir machen all das mit dem Handy oder Smartphone, wofür man früher *Servicepersonal* brauchte: Mietwagen buchen, am Flughafen einchecken und Bankgeschäfte tätigen. Die Kinder und Jugendlichen nutzen das Handy oder Smartphone nochmal anders und sind entsprechend auch mit anderen Problemen konfrontiert. Ein Problem, das Kinder und Eltern gleichermaßen angeht, sind die Kosten. Die laufen schnell mal aus dem Ruder und lassen sich nur mit Disziplin und strikten Regeln „einfangen". Versteckte und offensichtliche Kostenfallen gibt es jede Menge. Das Prepaid-Handy ist natürlich die optimale Variante. Dabei kann

**Handy – Kosten- und Suchtfaktor**

man nur so viel vertelefonieren, wie die vorab gezahlte Karte
hergibt. Da diese Variante die technischen Nutzungsmöglichkei-
ten allerdings einschränkt, wollen viele Kinder ein Handy mit
Vertrag. Das gilt als Königsklasse und zugleich als Vertrauens-
beweis der Eltern. Die Entscheidung darüber trifft allerdings vor
allem der persönliche Geldbeutel.

### Prepaid- oder Vertragshandy?

Die Entscheidung ist nicht ganz einfach. Hier ein paar Informationen, die vielleicht bei der Entscheidung helfen:
• Bei einem Prepaid-Handy mit Guthabenkonten haben Sie die
volle Kostenkontrolle. Sie können dann selbst entscheiden, ob
das Kind dieses „Guthaben" über das Taschengeld bestreiten
soll oder ob Sie im gegebenen Rahmen für die Kostendeckung
sorgen. Wenn es um die Erreichbarkeit geht: Ist das Guthaben
aufgebraucht, kann das Kind zwar nicht selbst telefonieren, man
kann das Handy aber trotzdem anrufen. Allerdings ist das Telefonieren per Prepaid-Karte immer teurer als über einen Vertrag.
• Wenn's doch ein Vertrag sein soll, dann wählen Sie eine lange
Laufzeit, denn diese Verträge sind in der Regel günstiger. Es gibt
Angebote, bei denen man eine monatliche Kostenbegrenzung
festlegen kann. Auch bieten viele Provider spezielle Jugendtarife
an.
• Sprechen Sie – ganz gleich ob Prepaid-Handy oder Vertrags-
handy – mit Ihren Kindern über die Kosten, die damit verbunden sind. Das gilt nicht nur für die Telefon- und SMS-Kosten,
sondern auch für Spiele, Logos und Klingeltöne.
• Minderjährige dürfen keine Verträge abschließen, deshalb
werden Handyverträge generell mit den Erziehungsberechtigten
geschlossen. Und in der Konsequenz bedeutet das: Die Eltern
müssen zahlen, solange der Vertrag läuft.

**Geld kostet's
in jedem Fall**

Handys sind Statussymbole unter Jugendlichen – da führt kein Weg dran vorbei! Es ist also nicht allein das Handy, das zählt, sondern auch das Design und die Funktionen. Die Vielfalt der Angebote und die ständige Jagd nach dem hippsten Gerät sollte man nicht mitmachen. Aber um ganz ehrlich zu sein, sind Jugendliche diesbezüglich gern beratungsresistent. Da muss man sich schlicht durchsetzen!

## Die Handy-Extras – Must have!?

Das Smartphone hat den Planeten in nur fünf Jahren erobert. Mit der Kombination aus Internet und mobilem Telefon, Touchscreen, diesem berührungsempfindlichen Bildschirmchen und kunterbunten Apps, jenen kleinen Software-Teilchen, die aus dem schier unendlichen Web maßgeschneiderte Werkzeuge schnitzen, ist es angesagter denn je. Das will man haben, das muss man haben. Zur absoluten Grundausstattung eines Handys in Kinderhand gehören bestimmte Extras, ohne die es gar nicht geht. SMS, Apps und Fotoapparat stellen da nur die Mindestanforderung dar.

## SMS – die Kurzfassung

Die Abkürzung SMS kommt vom englischen „Short Message Service" und kann mit „Kurzmitteilung" übersetzt werden. SMS zerlegen Dialoge in kleinste Bestandteile, die oft kein Ganzes mehr ergeben, da die einzelne kurze Nachricht auf ein 160-Zeichen-Level begrenzt ist. Trotz – oder gerade wegen– dieser Beschränkung ist das Simsen (die Tätigkeit des SMS Schreibens) inzwischen Kult, wer beispielsweise U-Bahn fährt, kann sich

**Kurznachrichten sind Kult**

Ausdrucksvielfalt
gegen Kurz-
fassungszwang

leicht ein Bild davon machen. Vertragsverhandlungen, Liebesge-
flüster oder das Ende einer Beziehung – per SMS lässt sich heute
alles Mögliche abwickeln. Da solche Textnachrichten leicht zeitversetzt, aber dennoch präzise den Empfänger erreichen, werden
sie auch immer häufiger versandt. 3417 Textnachrichten, also
SMS, bekommt ein amerikanischer Teenager durchschnittlich
pro Monat, das sind stündlich sieben bis acht Mitteilungen (ge-
rechnet auf einen 16-Stunden-Tag). Vergleichbare Untersuchungen gibt es hierzulande zwar noch nicht, aber eine SMS-Flatrate
für das Handy in jugendlichen Händen lohnt sich garantiert.
Besorgte Eltern von Teenagern stellen sich immer wieder die
Frage, ob das viele Simsen denn *gesund* sei. Ganz ernsthaft hat
das wohl noch niemand untersucht. Der Elektrosmog der von
einem Handy ausgeht, ist aber definitiv ein Thema (siehe unten
„Gesund telefonieren"). Eventuell könnte das Schreiben von
SMS auf die Augen gehen, aber die sind ja bei Jugendlichen in
der Regel noch gut.
Was allerdings beim Simsen garantiert leidet, ist das Gefühl für
Sprache. Das 160-Zeichen-Level verführt zu Abkürzungen und
zur Vermeidung langer Satzkonstruktionen. Häufig ersetzen
Textbausteine das Schreiben ganzer Worte. Punkt, Komma,
Strich – darauf verzichtet man ohnehin aus Zeichen-Ersparnis-
Gründen, dafür werden jede Menge *Emoticons* eingesetzt, die
über die Stimmungslage informieren oder diese beim Empfänger
abfragen.

## Emoticons

Das Wort *Emoticon* ist eine Wortkreuzung aus „Emotion" (engl. Gefühl) und „Icon" (engl. Bild) und der bekannteste Vertreter ist der Smiley :-). Er besteht klassisch aus einem Doppelpunkt, Bindestrich und einer halbrunden Klammer. Gibt man diese Kombination ein, verwandeln viele Computer-Programme und Mobiltelefone das Zeichen automatisch in eine Emoticon-Grafik, dann Smiley genannt. ☺

Wenn ein Emoticon in eine Grafik umgewandelt wird, enthält es mehr Bildinformationen als das minimalistische ursprüngliche Emoticon. Je nach übersetzendem Programm kann ein und dasselbe Emoticon unterschiedliche „Emotionen" vermitteln. Das kann durchaus zu Missverständnissen führen.

Ein Beispiel: Das Herz. In seine Urform <3. umgewandelt erscheint es je nach Programm flammend rot oder blassrosa. Der Versender des „Herzens" hat aber keinen Einfluss, in welcher Form es beim Empfänger ankommt. ❤

## Whatsapp – Die alternative SMS

WhatsApp Messenger ist eine mobile Nachrichten-App (mehr zu App siehe unten), die es den Benutzern erlaubt, Kurznachrichten auszutauschen, ohne für die SMS zahlen zu müssen. Der WhatsApp Messenger nutzt denselben Datentarif, wie man ihn zum Versenden von den E-Mails und zum mobilen Surfen im Internet benutzt. Er ist inzwischen deshalb so beliebt, weil man kostenlos Nachrichten verschicken und mit Freunden in Kontakt bleiben kann. Zusätzlich zum normalen Nachrichtenaustausch können WhatsApp-Nutzer Gruppen erstellen und sich gegenseitig unbegrenzt Bilder, Video- und Audiodateien zuschicken.

**Nachrichten kostenlos verschicken**

## Auf den Punkt gebracht – der/die/das App

Eine App (engl. Kurzform für „Application", Anwendung) ist
ganz allgemein jede Form von Anwendungsprogrammen. Im
Speziellen sind damit jedoch meist Anwendungen für moderne
Smartphones gemeint, die über einen meist in das Betriebssystem integrierten Onlineshop bezogen und direkt auf dem Smartphone installiert werden können.

Die unterschiedlichen Betriebssysteme – hauptsächlich I-Phone
oder Android – haben entsprechend unterschiedliche Bezugs-
quellen. Beispielsweise ist das Apple I-Phone mit dem App Store
oder die Android-Smartphones sind mit ihrem Android Market
verbunden und kompatibel. Es gibt aber auch noch den Windows Phone Marketplace von Microsoft, Android Market von
Google, Nokias Ovi Store, AppWorld von RIM für die Black-

**Jedem Handy**
**seinen App Store?**

berry-Geräte sowie PlayNow von Sony Ericsson oder Samsung
Apps.

„Store" klingt nach „kaufen". Aber: Es gibt kostenlose Apps,
nur: die meisten muss man dann – früher oder später – doch bezahlen. Sehr vereinfacht ausgedrückt, erwirbt man mit einem
App eine bestimmte Funktion für sein Handy, also zum Beispiel
ein Navi, um sein Auto wiederzufinden oder ein App, das einem
sagt, wie lange ein Ei kochen muss. In der wunderbaren App-
Welt gibt es Sinnvolles und vor allem Sinnloses im Überfluss. Eigentlich nur Geldmacherei, aber wem's gefällt ...

Für die Kids sind Spiele und ähnliche Apps natürlich unentbehr-
lich. Die kostenlosen Apps werden dann zumeist über Werbeeinblendungen finanziert, die aus dem Internet geladen werden.
Aber auch für die kostenlosen Apps muss man zahlen, wenn
auch durch die Hintertür (zum Beispiel für Android):

Zunächst muss man in der Regel einen Google-Account einrichten, mit dem Mails, Kontakte und Kalender über das Internet
synchronisiert werden. Auf dem Android können auch weitere
Apps sein, die ihre Daten zu Anzeige über das Internet beziehen

(Wetter, Börseninformation, News, Facebook usw.) Also stellt das Android eine Internetverbindung über WLAN oder das Mobilfunknetz her. Wenn kein WLAN verfügbar oder deaktiviert ist, wird das Mobilfunknetz automatisch aktiviert und verwendet. Und das alles kostet!

**Achtung Apps = Kostenfalle**

Wer das nicht weiß und sich ein Smartphone ohne Beratung kauft und verwendet, tappt in die Kostenfalle der Mobilfunkprovider. Eine entsprechende Flatrate ist also unabdingbar. Wer sich ein Smartphone im Shop seines Providers zulegt (Vertragsverlängerung/-abschluss), sollte (eigentlich) über die möglichen Kosten Informiert werden und tariflich beraten werden. Um ein Smartphone so möglich günstig zu nutzen, braucht man also dringend einen Datentarif bzw. eine Datenflat.

> Wer eine Datenflatrate bucht, sollte dringend darauf achten, dass nach Verbrauch des festgelegten Volumens die Geschwindigkeit gedrosselt wird und nicht etwa weiter Kosten für übertragene Bytes anfallen.

Denn so ist es wirklich: Kostenlose Apps sind nicht wirklich kostenfrei. Zudem ist das Handy ständig mit dem Internet verbunden und überträgt Daten.

**Widgets** sind Apps, die standardmäßig im so genannten *Dashboard* verfügbar sind. Zumeist findet man sie schon auf dem Bildschirm, wenn man ein Smartphone bekommt. Die kleinen Programme funktionieren zumeist ohne eine zusätzliche Software. Typisches Beispiel sind die Wetterinfos.

## Lernen mit der App! Smartphone anstatt Schulbuch?

Mittlerweile können die Smartphones ja wirklich fast alles: Es ist sogar möglich, sich mit den entsprechenden Apps auf den theoretischen Teil der Führerscheinprüfung vorzubereiten, eine neue Sprache oder das Singen zu erlernen. Aber wie sinnvoll ist das Lernen mit der App?

Es gibt eine Vielzahl an Apps, die das Lernen bestimmter Dinge erleichtern sollen. Für Schüler gibt es beispielsweise Nachhilfe- und Lern-Apps, die fächerbegleitend sein können. Für jüngere Kinder werden spielerische Lern-Apps angeboten.

**Fächerbegleitend: Lern-Apps**

Und so geht das: Im Shop wird eine App heruntergeladen, nach dem Öffnen folgt man den Anweisungen. So wird es ermöglicht, geschichtliche Zusammenhänge zu erlernen, das Kopfrechnen aufzufrischen, Fremdwörter und Vokabeln zu pauken oder in Biologie und Chemie aufzuholen. Besonders Apps, bei denen der entsprechende Lernstoff selbst erstellt werden kann, sind durchaus interessant.

> • Man kann per App seinen **Lernstoff** mit eigenen Fragen und Antworten einstellen. Die App merkt sich das, fragt ab und prüft die Antworten inhaltlich. Was man nicht wusste, kommt öfter nochmal dran.
> • Wenn man eine **Sprache erlernen** will, ist es durchaus empfehlenswert, sich dafür eine entsprechende App herunterzuladen. Es gibt teils kostenlose Programme von namhaften Anbietern, die überraschend gut funktionieren. So kann man beispielsweise bestimmte Kategorien wie den Small-Talk oder die Begrüßung auswählen. Eine Stimme spricht die Wörter vor, der Schüler wiederholt sie. Das Programm erkennt, wie gut die Aussprache ist und gibt das Ergebnis in Prozent an. Anschließend wird überprüft, ob die Vokabeln auch sitzen. Die Programme speichern die Vokabeln, bei denen es Schwierigkeiten gab, und lassen sie bei der Abfrage daher häufiger vorkommen.

- Für den **Führerschein** pauken. Dazu gibt es eine kostenlose App. Hier lassen sich diverse Situationen im Straßenverkehr durchspielen, man kann Bögen ausfüllen und wird auch geprüft. Anschließend erfährt man, ob man bei einer echten Prüfung bestanden hätte oder nicht. Falsche Antworten werden zudem gespeichert und können erneut gelernt werden.
- Beim **Klavierspielen lernen** wird es etwas schwieriger. Hier gibt es zwar Notenvorgaben und es wird gezeigt, wann man wo welche Tasten drückt. Der Bildschirm des Smartphones ist allerdings für eine Klaviertastatur etwas zu klein geraten, so dass es kaum vorstellbar ist, später dasselbe auf dem Klavier zu spielen. Zudem ist ja Klavierspielen weit mehr als die richtigen Tasten zu drücken.

Das klingt alles ganz gut und kann durchaus eine ergänzende Hilfe beim Lernen sein, auch deshalb, weil es mal etwas anderes ist. Der Nachteil ist, dass man versucht ist, schnell mal in die Posteingang zu schauen oder durch eingehende SMS abgelenkt wird. Trotz dieser Ablenkung macht es aber mehr Spaß, mit einer App zu lernen, da Bilder und Videos abgerufen werden können. Es ist zumindest auch eine Zeitlang so, dass damit mehr gelernt wird, weil es so viele verschiedene Funktionsvarianten gibt, die man bestimmt – Kinder sind neugierig – ausprobieren will. Besonders die Apps, bei denen man den Lernstoff selbst einstellt, sind durchaus sinnvoll. Allerdings sind sie zumeist kostenpflichtig. Geht es um das Erlernen einer neuen oder um das Vertiefen einer Sprache, so bieten aber sogar kostenlose Apps einen guten Einstieg und helfen auch bei der richtigen Aussprache. Ausprobieren lohnt sich also durchaus.

**Sinnvolle Lern-Apps sind meist kostenpflichtig**

## Mit Bluetooth in Verbindung bleiben

Den Begriff hat man schon oft gelesen und gehört, aber was bedeutet Bluetooth? Was kann man damit machen? Ganz einfach:
Bluetooth ersetzt Kabel. Digitale Daten, die man auch per USB,
Netzwerk- oder Audiokabel von einem Gerät zum nächsten
transportieren könnte, sendet Bluetooth per Funk. Die Reich-
weite beträgt zwischen zehn und 100 Metern.
Insbesondere Smartphones (und andere portable Geräte) sind
damit ausgestattet. Sie nutzen Bluetooth, um drahtlos beispielsweise Kontakt zu Kopfhörern, Lautsprecher oder Druckern herzustellen. In Autos dient es als Freisprechanlage.
Und wer sich fragt, warum dieses Teil „Bluetooth" (Blauer
Zahn) heißt, hier die Antwort: Es wurde nach dem Wikinger
Harald Blatand (Blauzahn) benannt, der im 10. Jahrhundert Dä-
nemark zu einem Königreich vereinte. Die moderne Variante soll
nun verschiedene Bluetooth Geräte ohne Kabel miteinander verbinden.

## Grenzen und Regeln in der Handywelt

Die Smartphones sind kleine Wunderteile, die neben Spiel und
Spaß auch Zugang zu schier grenzenlosem Wissen verheißen,
immer und überall. Das einerseits toll, führt aber auch zu kleinen und ganz großen Verwerfungen. Alles zu durchblicken ist
für Kinder unmöglich und für Erwachsene schwierig. Hier sind
die Grenzen und Regeln der Handywelt kompakt zusammen-
gestellt:

## Knigge fürs Handy

**Benimm-Regeln für den Handy-Gebrauch für junge Nutzer**

1. Telefon auf lautlos oder ausschalten, wenn man bei Veranstaltungen, im Kino oder privaten Anlässen ist.
2. In der Schule gilt: Handy aus oder lautlos und so weit wegpacken, dass man nicht versucht ist, ständig aufs Display zu schauen.
3. Beim Telefonieren in der Öffentlichkeit nicht so laut sprechen, dass alle mithören – erstens, weil Privates privat bleiben sollte, zweitens, weil die anderen Leute durch lautstarkes Sprechen gestört werden.
4. In öffentlichen Verkehrsmitteln die Lautstärke der Musik so einstellen, dass die Mitreisenden nicht belästigt werden.

## Handy in der Schule

Zu diesem Thema gibt es viele verschiedene Meinungen. Die einen wollen ein striktes Handyverbot durchsetzen und den Störfaktor *Handy* aus der Schule verbannen. Aber geht das überhaupt noch? Und ist es sinnvoll? Denn vielleicht wäre es ein Stück praxisnaher Lernstoff, den Umgang mit Handys zu unterrichten, weil dies ja auch zur Medienkompetenz gehört.
Es gibt viele Beispiele, wie Handys sinnvoll in den Unterricht eingebaut werden können. In einer Schule in Singapur beispielsweise geben die Schüler die Klassenarbeiten per Bluetooth ab. Die deutsche Medienwissenschaftlerin Irene Schulz könnte sich das Fach *Handykunde* gut an Schulen vorstellen.
Im Unterricht eingesetzte Handys verbessern die Lernleistung von Schülern und wirken sich sogar positiv auf das Klassenklima aus, das zeigte 2010 eine Studie der Fachhochschule

**Unterricht mit dem Handy planen**

St. Pölten (Österreich). In einem Feldversuch an verschiedenen
Schulen wurden Smartphones in den Unterricht integriert. Laut
Studie bietet das Handy-Lernen durchaus Vorteile:
• Die Schüler beschäftigen sich aktiver mit dem Stoff
• Im Klassenverband entstehen neue soziale Gruppen, die zusammen lernen.
Die Studie hat untersucht, wie Smartphones in den Lernalltag
integriert werden können und welche Effekte sie auf den Unterricht haben. Die Ergebnisse zeigten: Die Schüler sind allein
durch die Verwendung der Handys schon motivierter. Denn das
mobile Gerät bietet die Möglichkeit des interaktiven Lernens –
die Schüler lernen spielerisch und deshalb auch effizienter. So
haben sie sich im Feldversuch interaktiv mit dem Lernstoff beschäftigt, indem sie Aufgaben mit dem Handy in virtuellen
Gruppen lösten.

**Handy-Lernen
stärkt das soziale
Miteinander**

Der überraschende Nebeneffekt: Das Handy-Lernen wirkt sich
positiv auf die Klassengemeinschaft aus. Denn wird das Handy
von den Schülern in anonymen Teams genutzt, fallen die üblichen sozialen Probleme bei der Gruppenbildung weg. Das Aus-
grenzen von Mitschülern, mit denen man sonst nicht zusammenarbeiten wollte, fiel dabei weg.
Der Projektleiter, Grischa Schmiedl vom Institut für Medien-
informatik, stellte dazu fest: „Jugendliche sind heutzutage so
genannte Digital Natives. Das heißt, sie sind mit dem Internet
aufgewachsen und können daher mit Neuen Medien oft besser
umgehen als mit analogen – wie zum Beispiel einem Lehrbuch.
Dies sollte man sich auch in der Schule zunutze machen. Denn
Smartphones erfüllen die wichtigsten Funktionen für das Arbeiten im Internet und werden im Gegensatz zu einem Laptop von
Jugendlichen ständig und überall mitgenommen und angewendet.
Das legt den Grundstein für mobiles Lernen und wirkt sich akti-
vierend und motivierend auf die Schüler und Schülerinnen aus."
Schmiedl hält es für denkbar, dass die Schüler künftig mit dem
Handy auch einen Teil ihrer Hausaufgaben erledigen. Das würde

noch stärker zur Verbesserung der sozialen Gefüge beitragen. Denn anstatt alleine zu Hause vor den Büchern zu sitzen, würden die Schüler im Team weiter zusammenarbeiten.

Trotz solcher ermunternden Ansätze wird vielerorts über Handyverbote diskutiert. Allein schon die Ablenkung durch das Schauen auf das Display während des Unterrichts ist kontraproduktiv. In Bayern wurde 2006 sogar ein generelles Verbot von Handys an Schulen erlassen. Grund hierfür war vor allem die Tatsache, dass immer häufiger Gewaltvideos und Pornos über das Handy verbreitet wurden. Und das ist natürlich die Kehrseite der Medaille.

**Ablenkung und Gewaltfilme**

Allerdings haben sich durch ein generelles Verbot alleine noch nie Probleme lösen lassen. Vielmehr brauchen Schulen individuelle Regelungen, wie Handys auf dem Schulgelände genutzt werden dürfen. Eine Handyordnung, die mit allen Beteiligten ausgehandelt wird, sorgt für Transparenz und Gleichbehandlung. Die Sorgen sollten auch Anlass sein, über den Umgang mit dem Handy und Themen wie Gewalt, Grenzen oder Respekt nachzudenken und zu diskutieren.

> Das Handy kann als Thema in den Unterricht eingebaut werden. Dafür gibt es auch verschiedene Materialien, zum Beispiel vom Schulprojekt des Informationszentrum Mobilfunk e. V. (IZMF), einer Brancheninitiative der deutschen Mobilfunknetzbetreiber.

## Vorsicht, Übergriff: Sicher surfen mit dem Handy

Eigentlich sind Smartphones ja keine Telefone mehr, sondern kleine Mini-Computer – und somit elektronische Schatztruhen. Sie sind randvoll mit Informationen, die Begehrlichkeiten wecken. So ein Smartphone enthält oft mehr persönliche Daten und Informationen als der PC zu Hause. Darunter sämtliche E-Mails, Login-Daten für den AppStore und andere Internet-Portale, sowie alle SMS, MMS, Fotos und die gespeicherten Programme. Deshalb ist es auch so wichtig, so wenige Daten wie möglich weiterzugeben.

> **Wichtige Regel:** Gib deine Handynummer nur an Leute, denen du vertraust. Und die dürfen deine Nummer niemandem weitergeben, ohne dich zu fragen.

Wenn man neue elektronische Geräte bekommt, sollte man gleich die Seriennummer des Geräts notieren. Beim Handy kann man *#06# eingeben und sieht dann die so genannte IMEI-Nummer (sie ist auch unter dem Akku im Handy eingestanzt). Mit dieser Seriennummer hat man bei Diebstahl oder Verlust eine Chance, das Gerät wieder zurückzubekommen.

> **Wichtige Regel:** Zu allererst muss man beim Mobilfunkanbieter die SIM-Karte sperren lassen, wenn das Handy vermisst wird.

Davon abgesehen ist natürlich Datenklau das größte Problem beim Handy. Betrüger versuchen auf unterschiedliche Art und Weise, an persönliche Daten von Handybesitzern zu kommen. Natürlich gehen PINs und Passwörter niemanden etwas an. Aber auch wenn jemand private Daten wie Alter, Name oder Adresse wissen will, hat man allen Grund zur Vorsicht.

> **Wichtige Regel:** Geben Sie nur die Informationen heraus, die unbedingt notwendig sind.

Über drahtlose Schnittstellen wie WLAN und Bluetooth können Smartphones leicht von Dritten manipuliert werden. Für Datendiebe bieten öffentliche WLAN-Netze, wie sie zum Beispiel in Cafés oder Hotels für den kostenlosen Online-Zugang angeboten werden, ideale Voraussetzungen dafür.

Leider ist es wirklich so: Um ein Smartphone *zu entern*, muss man kein IT-Experte sein. Dazu braucht es nur die passende Spionage-App auf dem eigenen Gerät. Damit kann man dann – zumindest theoretisch – sämtliche Mails bei den Gästen am Nachbartisch oder im Hotelzimmer nebenan mitlesen. Ganz perfide: Die Daten können exportiert werden, und auch Mails kann man über das fremde Gerät verschicken.

**Smartphones sind leicht manipulierbar**

**Wichtige Regel:** Bluetooth ausschalten, wenn es nicht gebraucht wird – und wann immer möglich öffentliche WLAN-Netze meiden. Auch die WLAN-Funktion kann man deaktivieren, wenn man sie gerade nicht braucht. Ein Gerät, das selbstständig nach verfügbaren WLAN-Netzen sucht, bietet mehr Angriffsfläche.

### Was ist ein Bewegungsprofil?

Handys, Spielkonsolen oder auch Notebooks sind kleine Spionage-Wunder. Solche mobilen, elektronischen Geräte können nämlich Daten über die Position des Geräts sammeln und weiterleiten. Auch Netzwerke ermitteln den Standort solcher mobilen Geräte im Raum, wenn sie eingeloggt sind. Aus einer Vielzahl solcher Positionsmeldungen lässt sich ein Bewegungsprofil erstellen. Die Positionsbestimmungen müssen dazu nur zeitlich sortiert werden. Wenn man nun davon ausgeht, dass ein bestimmtes Gerät nur von einer Person verwendet und mitgeführt wird, kann daraus die totale Überwachung werden.

Auch lassen sich Handys mit Hilfe des Mobilfunknetzwerks relativ genau orten. Mit dem Satellitennavigationssystem GPS geht das sogar zentimetergenau. Auch mit WLAN oder Bluetooth lassen sich Positionsdaten eruieren und Bewegungsprofile erstellen. Weil solche Bewegungsprofile personenbezogene Daten beinhalten, ist das Nachspionieren nur mit Zustimmung der Betroffenen erlaubt und an gesetzliche Vorgaben gebunden.

Egal, ob I-Phone, Android oder andere Smartphones: Das Betriebssystem sollte immer auf dem neuesten Stand gehalten werden. Dazu gehört es auch, die angebotenen Sicherheits-Updates durchzuführen. Die Hersteller wappnen ihre mobilen Betriebssysteme gegen Bedrohungen durch Internet-Viren, Würmer oder Trojaner. Bisher sind hier nur wenige Attacken gelungen.

**Wichtige Regel:** Alle mobilen Geräte können sich Viren und Würmer einfangen. Deshalb nur Programme und Dateien aus vertrauenswürdigen Quellen herunterladen und regelmäßig Daten sichern.
Vorsicht bei USB-Sticks und Speicherkarten! Machen Sie einen Antivirencheck, wenn Sie sie an den eigenen Rechner anschließen.

**Achtung Hacker und Viren!**

Apps machen das Smartphone zu kleinen Alleskönnern, allerdings haben viele Anwendungen auch Zugriff auf verschiedene Gerätedaten und Funktionen. Auch wenn man eine seriöse Bezugsquelle hat, kann es zu Attacken kommen, was etwa auf „Google Play" passiert ist (zuvor „Android Market"). Hacker fälschen immer wieder beliebte Apps, bauen den Spionage-Code ein und setzten die Programme unter leicht veränderten Namen auf den App-Marktplatz. Viele User verwechseln dann Original und Fälschung – und schon ist es passiert. Einmal auf dem eigenen Handy installiert, können Viren auf das Gerät geschleust, Daten ausgelesen oder das Gerät sogar ferngesteuert werden.

> **Wichtige Regel:** Unbedingt darauf achten, aus welcher Quelle die App stammt. Bei Downloads aus den Stores der Hersteller wird ein gutes Sicherheitsniveau erreicht.

Bei Mobilfunkunternehmen und Hersteller von Antiviren-Software gibt es Sicherheitspakete auch für mobile Geräte. Die Investition lohnt sich auf alle Fälle.

## Die Kostenfalle

Ein Handy oder Smartphone ist – in Bezug auf die Kosten – immer wieder für eine Überraschung gut und dementsprechend sorgt die Rechnung auch regelmäßig für Streit und Diskussionen. Hier ein paar Tipps, die bösen Überraschungen vorbeugen können:

- **Vorsicht bei Lockanrufen!**
Es ist zwar schön, dass man verpasste Anrufe und SMS angezeigt bekommt, aber man sollte keine entgangenen Anrufe und SMS beantworten, deren Absender man nicht kennt. Das ist oft ein Trick, damit man teure Nummern zurückruft – und dafür dann richtig zahlen muss.

- **Tastensperre aktivieren!**
Die Tastensperre verhindert, dass sich das Handy von alleine irgendwohin einwählt und Kosten verursacht.

- **Sichern Sie SIM-Karte und Geräte mit PINs und Passwörtern!**
Gut überlegte PINs und Passwörter sind immer noch der beste Schutz bei Diebstahl oder gegen Datenklau. Sehen Sie in der Bedienungsanleitung nach, wie man neue Passwörter generiert und welche sicher sind.

- **Nutzen Sie keine Angebote mit unüberschaubaren Kosten**
Wenn es Probleme mit den Handykosten gibt, sollte man darüber mit Freunden und Erwachsenen reden. Manchmal sind Forderungen von Klingeltonanbietern oder teure SMS-Nummern

unberechtigt und brauchen unter bestimmten Umständen nicht bezahlt zu werden. Nutzen Sie keine Dienste, deren Kosten unüberschaubar sind. Auch Abos kann man kündigen!

- **Absolute Vorsicht mit dem Handy im Ausland!**

Das kann sehr teuer werden. Auch Internetcafés und WLAN-Access-Points im Ausland sind riskant. Zudem kann man nicht sicher sein, ob die Rechner korrekt installiert wurden. Geben Sie keinesfalls wichtige Passwörter in irgendwelche Rechner oder Netze ein, denen Sie nicht absolut vertrauen können.

- **Bluetooth abschalten, wenn es nicht gebraucht wird!**

Und stellen Sie das Handy stumm. Das ist sicherer, denn Hacker können das Gerät dann nicht so leicht angreifen. Bluetooth und WLAN abzuschalten, spart zudem Akkuleistung.

---

### Persönlichkeitsrechte

Jeder Mensch hat das Recht am eigenen Bild. Daraus folgt, dass niemand ein Recht hat, gegen den Willen der Betroffenen Fotos, Videos oder Tonaufnahmen von ihnen zu machen. Das verstößt gegen deren Persönlichkeitsrechte. Wenn jemand Fotos online stellt oder mit dem Handy weiterleitet, kann es sein, dass diese Aufnahmen nie wieder aus dem Internet verschwinden.

Bei der Weitergabe von Porno- oder Gewaltvideos kann man sich ebenso strafbar machen und von der Schule fliegen. Bekommen Schüler solche Inhalt zugespielt, sollten sie sie löschen und eine Vertrauensperson einschalten, um so die Weitergabe dieser Inhalte zu stoppen.

Bei heimlichen Aufnahmen im Unterricht mit dem Handy verstehen Lehrer zu Recht keinen Spaß. Wer wissen will, was da passieren kann, sollte sich auf der Internetseite www.lehrer-online.de einen Beispielfall anschauen. Rechtliche Rahmenbedingungen und Handlungsmöglichkeiten werden dort ausführlich erklärt.

## Gesund telefonieren

Inwieweit es gesundheitsschädlich ist, mit einem Handy zu telefonieren, darüber sind Eltern und Kinder durchaus verschiedener Meinung. Einige Eckpunkte gehen jedoch alle an. Thema: Elektrosmog!

Es gibt keine wissenschaftlichen Untersuchungen, wie schädlich Handystrahlung ist und wie sie sich langfristig auf Heranwachsende auswirkt.

**Problem Elektrosmog**

Zwar ist die Strahlung, die von einem Handy oder Smartphone ausgeht, nicht allzu hoch, man kann sie jedoch verringern, wenn man gleich beim Neukauf auf einen niedrigen SAR-Wert achtet. Die SAR-Werte definieren die Strahlenenergie des Handys und sollten möglichst gering sein. Auf einen niedrigen SAR-Wert zu achten ist wichtig, schränkt aber zugleich die Sendeleistung ein.

- Handy erst ans Ohr halten, wenn die Verbindung steht!
- Wann immer möglich, nur bei gutem Empfang telefonieren.
- Headsets sind zu empfehlen, weil sie Abstand zwischen Kopf und Antenne (im Handy) schaffen!
- Die dazugehörigen Kabel sollten einen so genannten Frequenzfilter haben, weil dieser Funkwellen abweist.

Übrigens: Zu laute Musik schädigt das Gehör! Das weiß man eigentlich. Da viele Jugendliche das Handy auch zum Musikhören verwenden, sei dieser Hinweis erlaubt: Auch über Kopfhörer und Ohrstöpsel kann das Gehör schwer geschädigt werden. Davon abgesehen, geht es auch unfreiwilligen Mithörern ziemlich auf die Nerven – und im Straßenverkehr ist es sogar richtig gefährlich, denn die Wahrnehmung der Umgebungsgeräusche wird damit unmöglich. Das kann lebensgefährlich sein.

## Kreativ mit dem Handy umgehen

Klingeltöne, Handybilder und -videos kann man selbst kreieren und so Kosten sparen. Wer sein Handy so kreativ nutzen will, sollte schon beim Kauf darauf achten, dass vom Provider (Mobilfunkanbieter) so etwas nicht durch Voreinstellungen (Brandings) verhindert wird.

Manche Kids verwenden ihre Handys auch, um Musik zu hören. Dann ist es bei der Auswahl der Geräte wichtig, dass sie möglichst viele Dateiformate (für Musik) beherrschen. Die meisten Jugendlichen sind gerade diesbezüglich „gut vernetzt" – wenn also die Speicherkarten von allen verwendeten Geräten gelesen werden können, ist das optimal. Das spart nicht nur Geld, sondern erübrigt auch lästiges Hin- und Her-Kopieren. Die Handys von heute sind nicht nur nützlich, sondern bieten zudem viele neue kreative Möglichkeiten. Zum Beispiel:

### – einen eigenen Film mit dem Handy drehen!

Aber aufgepasst: Beim Filmen dürfen die Persönlichkeitsrechte von anderen Menschen nicht verletzt werden (siehe oben)! Man muss also alle Leute, die im Bild zu sehen sind, fragen, ob sie einverstanden sind. Will man den Film später veröffentlichen, braucht man auch dazu eine Erlaubnis von allen Beteiligten. Am besten klärt man das, bevor man dreht. Könnte ja sein, dass man an einem Wettbewerb teilnehmen möchte, und dazu muss die Rechtefreigabe vorliegen.

**Für Aufnahmen: Urheberrechte beachten!**

Wer Musik aus dem Internet oder Bilder aus anderen Filmen benutzen will, muss zudem die Urheberrechte beachten. Denn: Nicht alles, was geht, ist auch erlaubt! Infos dazu gibt es im Netz. Zum Beispiel auf dem Jugendportal www.netzcheckers.de, beim Projekt „Jugend Online". Dort findet man viele praktische Tipps zur Medienarbeit.

*– Video-Glückwünsche für das Geburtstagskind sammeln!*
Ist die Familienfeier zu langweilig? Dann Handy rausnehmen und fotografieren. Man kann aber auch beispielsweise Video-Glückwünsche mit dem Handy drehen und später an das Geburtstagskind verschenken. Vielleicht findet sich auch jemand, der bei der Nachbearbeitung des Videos hilft. Es ist wirklich spannend, die Möglichkeiten zu entdecken, die so ein Handy bietet.

*– an Video-Wettbewerben teilnehmen*
"Ohrenblick mal!" fand 2005 zum ersten Mal statt. Der Wettbewerb läuft jedes Jahr und wendet sich an Jugendliche zwischen 12–20 Jahren. Die eingereichten Filme dürfen nicht länger als zwei Minuten sein und müssen mit dem Handy aufgenommen werden. „move it!" heißt der vergleichbare österreichische Handyfilmpreis.

## Und zum Schluss: einfach mal ausschalten!

„Warum muss man sich bei einem stinknormalen Handy heute anmelden mit einem Account und damit vielen eigenen Daten, als stünde man an der Grenze zu Nordkorea in der Passkontrolle? Warum lassen wir zu, dass anonyme Instanzen wie Google, Apple oder Facebook sich in die privatesten Kammern unseres Lebens schleichen? Warum überhaupt sollen wir all unsere Daten in den virtuellen Wolken einer Cloud speichern, deren Sicherheit alles andere als gewährleistet ist?" So war es vor kurzem im Focus zu lesen – und die Fragen sind allesamt berechtigt.

**Weniger ist oft mehr!**

Die Faszination dieser kleinen Mobilteile ist einfach zu verführerisch – für Erwachsene, Kinder und Jugendliche. Deshalb ein gut gemeinter Rat: Öfter mal ausschalten!

## Checkliste Kinder und Handy

• Je älter die Kinder, desto höher die Ansprüche! Fast jeder Zweite zwischen 12–19 Jahren besitzt ein Smartphone, rund 40 Prozent gehen damit regelmäßig ins Internet (JIM-Studie 2012). Aber: Vor allem jüngere Kinder sind mit dem Smartphone noch total überfordert.

• Ein Handy wird generell ab neun Jahren empfohlen. Wichtig ist, dass die Eltern gemeinsam mit den Kindern das Handy einrichten und ihm die Funktionen erklären. So merkt man dann auch, ob das Kind schon reif genug dafür ist.

• Entscheiden sich Eltern für ein Smartphone, so sollten Internetzugang und Bluetooth deaktiviert werden. Wie man ein Handy oder Smartphone kindgerecht einrichtet, kann man auf der Website schau hin.de nachlesen.

• Machen Sie Ihre Kinder mit den Benimm-Regeln für die Handynutzung vertraut!

• Sprechen Sie mit den Kindern offen über die Kosten (auch die versteckten) und über mögliche Risiken und Konsequenzen!

• Was richtig nervt, ist, wenn man durch Unbekannte mit Anrufen, SMS oder Bildern tyrannisiert wird. Das passiert Erwachsenen und Kindern gleichermaßen. Man kann diese Attacken ignorieren – jungen Menschen machen sie aber auch oft Angst, und damit sollte man sie nicht allein lassen. Bleiben Sie in allen Fragen rund ums Handy (ebenso wie in Fragen des Internets und der sozialen Netzwerke) Ansprechpartner. Aus dem Teufelskreis solcher „Stalker" findet man allein sonst nicht heraus.

# Schlau surfen – das Internet

Früher war die Lieblingsbeschäftigung von Kindern fernsehen, heute ist das anders. Immer häufiger lassen Kinder den Fernseher ausgeschaltet, dafür setzen sie sich gleich nach der Schule an den Computer. Nur noch fünf Prozent der 9–14-Jährigen haben keinen Zugang zu einem Rechner im Elternhaus. In der siebten Klasse besitzt fast die Hälfte der Kinder einen eigenen Computer und der ist oft auch mit einem Internetzugang ausgestattet.

Das Internet ist aus dem Alltag vieler Kinder und erst recht aus dem Alltag der Jugendlichen nicht mehr wegzudenken. Etwa 60 Prozent der 6–13-Jährigen surfen zumindest gelegentlich durchs Netz. Sie chatten mit Freunden, spielen online oder suchen im Internet nach Informationen. Und was sie dort finden, beispielsweise bei „Google", ist nicht immer kindgerecht oder jugendfrei.

## Schutzgebiete – das Internet ist öffentlich

PC, Laptop, Tablet, Smartphone – Geräte, die internetfähig sind, gibt es viele. Das Ergebnis ist häufig, dass jeder vor seinem eigenen Bildschirm sitzt. Viele Haushalte sind heute „multi-digital" ausgestattet. Man kann mit der digitalen Technik fast alles machen – und manchmal macht man es sich sogar leichter. Klavierstunden beispielsweise waren gestern, heute übt man am ipad, das gleich die Noten mitliefert. Für Hausaufgaben steht das Internet jederzeit offen. Nur bei den Zeitlimits für Computerspiele gibt es Grenzen, die immer wieder für Diskussionen sorgen. Die Eltern halten sich für tolerant und finden ihre Regeln „flexibel", die Kinder interpretieren diese als viel zu „streng".

Tatsache ist: Kinder lernen schnell, mit Computern und dem Internet umzugehen. Um auf die richtige Nutzung jedoch noch einigermaßen Einfluss zu haben, ist es gut, wenn Eltern mit den Kindern gemeinsam die ersten Schritte tun. Am besten ist es also, gemeinsam mit Kindern das Internet zu entdecken.

**Surfen Sie mit Ihrem Kind!**

### Wie könnte das beispielhaft aussehen?

In der Vorbereitung sollten Eltern auf dem PC, den das Kind nutzt, mit einer Jugendschutzsoftware sichern. Wenn Sie gemeinsam mit dem Kind surfen, sprechen Sie über mögliche Gefahren und Risiken. Praktisch ist es, bei diesen ersten Ausflügen ins Netz, schöne, kindgerechte Seiten als Lesezeichen zu markieren und abzuspeichern. So haben Sie die Möglichkeit, ein Adressverzeichnis für Ihr Kind zu erstellen, damit es schnell zu den Internetseiten kommt, auf denen es dann sicher surfen kann.

Doch zumeist sind die Kinder schneller als wir Erwachsenen und haben schon ihre ersten Erfahrungen ohne unser Zutun gemacht. Dann gilt es nachzurüsten und vor allem Vertrauen aufzubauen.

## Jugendschutzsoftware

Eine solche Software auf dem Computer zu installieren, den
Kinder und Jugendliche nutzen, ist Pflicht. Dabei kann man bestimmte Altersgruppen wählen und spezielle Inhalte sperren.
Diese Software arbeitet dann mit unterschiedlichen Filtersyste-
men. Im Wesentlichen lassen sich drei Verfahren unterscheiden:
eine durch Fachleute „handverlesene" Prüfung von Inhalten
(wie beispielsweise bei fragFiNN), eine vom computergenerierte
automatische Prüfung nach Schlagworten oder der persönliche
Check der Websites, wobei man ein Profil anlegen kann, das
wiederum von der Jugendschutzware „gelesen" und mit den
Vorgaben abgeglichen wird.
Die regelmäßige Kommunikation zwischen Eltern und Kindern
bleibt aber trotzdem notwendig. Denn blockiert man zu viele
Seiten, ist das auch nicht Sinn der Sache.

**Nutzen Sie eine Jugendschutz- software**

## Vom Suchen und Finden – die Suchmaschinen

Jeder Computer mit Internetzugang braucht auch eine Suchmaschine. Die „normalen" Suchmaschinen sind natürlich auf
die Bedürfnisse erwachsener User zugeschnitten – die speziellen
Bedürfnisse von Kindern bleiben außen vor.
Wenn man vom Internet spricht, wird häufig der Vergleich zur
„Datenautobahn" gezogen, was aber bei genauer Betrachtung
nicht stimmt. Fernsehen lässt sich am ehesten mit einer Datenautobahn vergleichen. Ein Sender schickt sein Programm aus –
und trifft auf x-fache Empfänger. Das Internet ist mehr ein
*Ameisenhaufen*, indem alles durcheinander wuselt. Es gibt Pfade,
die häufiger benutzt werden und den Autobahnen gleichen, doch
schlussendlich entscheidet der User selbst, welchem Link er
folgt. Um sich in dem Durcheinander zurechtzufinden, braucht
es einen Führer. Und das sind die Suchmaschinen.

**Kindgerechte Suchmaschinen nutzen**

Aber was braucht man, um bei einer Suchmaschine etwas zu finden? Richtig, man braucht Wissen. Man braucht Wissen, um daraus Transfer-Wissen herzustellen. Man muss explizit wissen, *welche Begriffe* man *in welcher Kombination* eingeben muss, um ein möglichst präzises Suchergebnis zu erzielen. Weil Kinder über ein solches Vorwissen noch nicht verfügen, gibt es spezielle Kinder-Suchmaschinen wie Blinde Kuh oder fragFINN.

**Suchmaschinen für Erwachsene haben „Fallstricke"**

Das Problem: Damit geben sich die jungen User nicht immer zufrieden, sie googlen lieber auch im World Wide Web. Doch in den Ergebnislisten der großen Suchmaschinen lauern viele Fallstricke. Selbst bei eigentlich harmlosen Suchbegriffen kann man ganz schnell auf gefährliche Webseiten oder dubiose Inhalte stoßen, die für Kinder eigentlich nicht geeignet sind. Selbst den Erwachsenen geht es doch oft so, dass sie sich auf „falschen" Seiten wiederfinden und irritiert weiterklicken.

## Was such ich denn?

Das Grundprinzip jeder Internet-Suche ist: Je differenzierter die Suchanfrage, desto sicherer die Ergebnisliste. Und wenn wir Erwachsenen ganz ehrlich sind, dann kann es uns auch passieren, dass wir uns stundenlang durch irgendwelche Seiten klicken, bis wir eine Antwort gefunden haben.

Aber was geben Kinder denn so in die Suchmasken ein?

Einer neuen Untersuchung zur Folge sind die Top-Five folgende:

1. Spiel
2. Hund
3. Sex
4. Katze
5. Ägypten

Und bei diesen Suchbegriffen „verirrt" man sich bei Google und ähnlichen Suchportalen ziemlich schnell auf dubiosen Seiten.

Deshalb müssen Kinder über die Risiken des Internets Bescheid wissen. Das heißt, sie müssen Gefahren erkennen und lernen, damit umzugehen. „Ein wesentlicher Bestandteil hierfür ist es, dass Kinder das Internet in seiner Struktur begreifen. Konkret: Welche Inhalte gibt es im Internet und wie können interessante Seiten schnell gefunden werden?", so wird der Anspruch beispielsweise auf der fragFInn-Elternseite definiert.

Kindgerechte Suchmaschinen setzen genau da an. Ihr Ziel ist es, Kindern einen „Schutzraum" zu bieten, indem sie einerseits Antworten auf ihre Fragen finden und andererseits vor all dem Internet-Müll geschützt sind, den es gibt. Sie haben es sich zur Aufgabe gemacht, die jungen Surfer bei ihrer Suche im Internet zu unterstützen. Kindgerechte Suchmaschinen sind darauf spezialisiert, kindliche Eingaben mit kindgerechten Ergebnissen zu bedienen. Dort können die Jüngeren gefahrlos surfen, spielen und sich informieren, das ist zumindest der Anspruch der meisten Betreiber. Die Suche funktioniert wie bei Google – der Unterschied besteht darin, dass auf den Ergebnislisten nur Links zu finden sind, die Kinder gefahrlos anklicken können.

**Wie Kinder gefahrlos surfen können**

Aber wie machen die das? Die klassischen Suchmaschinen-Anbieter scannen das Internet mit Suchprogrammen, die jede Webseite automatisch – ohne menschliches Zutun – analysieren, bewerten und „verschlagworten". Eine Überprüfung der Inhalte durch Menschen findet nicht statt.

Das ist bei den kindgerechten Suchmaschinen anders. Diese Anbieter machen sich da schon mehr Mühe: Bei ihnen wird jede Webseite von wirklichen Menschen geprüft, bevor sie in die Suchmaschine aufgenommen wird. Hier gilt das *Vier-Augen-Prinzip*, die Seiten werden redaktionell gecheckt – und was für „gut" befunden wird, kommt auf die so genannte „Whitelist". Das ist aufwändig und kostet Zeit. Dafür ist das Angebot dann zwar „sicher", aber manchmal den Kids *nicht spannend* genug. Doch bei ihrer Zielgruppe kommen diese Suchmaschinen dennoch zumeist gut an. Forscher vom Deutschen Jugendinstitut in

München befragten Kinder zu diesem Thema: Über 80 Prozent der jungen Nutzer waren zufrieden, vor allem, dass man bei diesen Suchmaschinen auch tatsächlich das findet, was man sucht. Bemängelt wurde hingegen, dass es an umfangreicheren Informationen fehle und Berichte zu aktuellen Themen (noch) nicht zeitnah angeboten würden.

Zudem haben Kindersuchmaschinen natürlich noch ein weiteres Problem: Die Zielgruppen sind zu groß und gerade in dieser Altersgruppe nur schwer unter einen Hut zu bringen. Die meisten dieser Suchmaschinen wenden sich an User zwischen 6–13 Jahren – und dass die Surf-Bedürfnisse eines sechsjährigen Grundschülers andere sind als die eines 13-jährigen Gymnasiasten, liegt eigentlich auf der Hand.

## Suchmaschinen für Kinder & Jugendliche

Beispielhaft hier drei gute Kindersuchmaschinen:

### Blinde Kuh, www.blinde-kuh.de
**Zielgruppe:** 6–14 Jahre
Blinde Kuh ist die älteste und bekannteste deutschsprachige Suchmaschine für Kinder. Sie wurde bereits 1997 als nicht-kommerzielles Internetprojekt gegründet und wird seit 2002 vom Bundesfamilienministerium unterstützt. Blinde Kuh ist werbefrei. In den Suchindex gelangen nur Webseiten mit kindgerechten Inhalten. Alle Webseiten werden von Hand geprüft, bevor sie über die Suche auffindbar sind.
**Extras:** Spiele, Nachrichten, Basteltipps und ein moderierter Chat für Kinder.
**Sicherheit:** Die Nutzer bekommen ausführliche Tipps zur Sicherheit im Internet. Nutzungsdaten werden nicht gespeichert.
**Empfehlung:** Blinde Kuh ist auch für jüngere Nutzer geeignet, die noch nicht lesen können.

## fragFINN, www.fragFINN.de

**Zielgruppe:** 6–12 Jahre

Das Suchportal wurde 2007 gestartet und wird durch zahlreiche Telekommunikations-, Internet- und Medien-Unternehmen getragen. Auch das Bundesfamilienministerium ist mit im Boot, ebenso wie die Freiwillige Selbstkontrolle der Multimedia-Dienstanbieter. Die Webseiten, die das Portalanbietet, stellen die Auswahl eines Redaktionsteams dar. Kindgerechte Webseiten werden in einer Whitelist aufgeführt.

**Extras:** Spiele, Nachrichten, Basteltipps und ein moderierter Chat für Kinder. Die Prüfkriterien sind über den Elternbereich des Portals abrufbar. FragFINN.de listet auch Webseiten auf, die Werbung enthalten.

**Sicherheit:** Die Whitelist wird täglich aktualisiert, ergänzt und permanent überprüft.

**Empfehlung:** Webseiten, die nicht kindgerecht sind, können den Betreibern über einen roten Meldebutton mitgeteilt werden.

## Helles Köpfchen, www.helles-koepfchen.de

**Zielgruppe:** 8–16 Jahre

Das Portal ging 2004 online und richtet sich an Kinder und Jugendliche.

**Manko:** Die Webseite wird per Online-Werbung finanziert. Über die Suche können handverlesene Webseiten mit zielgruppengerechten Inhalten gefunden werden. Darüber hinaus bietet das Redaktionsteam eigene Beiträge zu aktuellen, auch kontroversen Themen an. Das Portal gliedert sich in die Bereiche Wissen, Nachrichten, Spiele, Freizeit und Community. Angemeldete Nutzer können Profile anlegen, Bilder hochladen und sich mit anderen austauschen.

## Persönliche Daten schützen

Kinder sind naturgemäß ziemlich arglos, wenn es um die Weitergabe persönlicher Daten geht. Im normalen Leben spricht auch nichts dagegen, in der digitalen Welt allerdings muss man da schon sehr vorsichtig sein.

Was sind denn eigentlich „persönliche Daten"?

Persönliche Daten sind in erste Linie Namen, Geburtsdatum und Adresse. Das ist sozusagen die Minimalanforderung. Oft und gern werden auch E-Mailadressen und Telefonnummern abgefragt.

Bei allen Angaben, die man im Internet macht, sollte Kindern UND Erwachsenen klar sein, dass diese für immer gespeichert bleiben. Das Internet vergisst nichts. Einmal im Internet, hat man keine Kontrolle mehr darüber, ob die eigenen Daten von anderen gespeichert, verfälscht oder anderweitig missbraucht werden.

**Das Internet vergisst nichts!**

Führt man sich das vor Augen, wird klar, wie viel Schaden beispielsweise mit Fotos und Videos angerichtet werden kann, wenn sie denn einmal im Netz stehen. Was heute lustig und harmlos erscheint, ist morgen vielleicht peinlich. Cyber-Mobbing ist ein Thema, das leider weit verbreitet ist. (Mehr dazu im folgenden Kapitel.)

Achten Sie deshalb darauf, dass Ihre Kinder diesbezüglich zurückhaltend sind. Ja, man kann es nicht oft genug sagen und schreiben:

- Keine persönlichen Daten ins Internet stellen!
- Keine Fotos hochladen!
- Keine Videos veröffentlichen!
- Und vor allem: Keine Internet-Freunde im wahren Leben allein treffen!

## Surfschein

Wer weiß, wie man eine Suchmaschine bedient? Und was ein Server ist? Welche Schritte man beim update von Sicherungssystemen durchlaufen muss – und das auch noch in der richtigen Reihenfolge? Wer kennt sich aus, mit welchen Suchanfragen man die beste Trefferquote erzielt?

Die Website *Internet ABC* bietet für Kinder einen *Surfschein* an – und wer die Antworten auf die Fragen weiß, hat dabei gute Karten. Lustige Comicfiguren begleiten dabei den Prüfling durch vier Internet-Bereiche und stellen Fragen, die entweder per Multiple Choice oder durch Festlegen der richtigen Reihenfolge beantwortet werden müssen. 30 Fragen muss man beantworten, 30 Punkte kann man dabei insgesamt erreichen, die gestellten Aufgaben decken alle wichtigen Bereiche des Surfens ab: „Surfen und Internet", „Achtung! Die Gefahren", „Lesen, Hören, Sehen" und „Mitreden und Mitmachen". Das spielerische Szenario kann mit einem oder mit zwei Spielern absolviert werden.

**Ein Führerschein zum Surfen**

## Elternseiten für schlaues Surfen

Die Medienwelt ändert sich mit atemraubender Geschwindigkeit. Um stets auf dem neuesten Stand zu bleiben, gibt es auch für Eltern nützliche Seiten im Netz – hier drei Beispiele:

### Schau Hin

**Zielgruppe:** Eltern von 3–13-jährigen Kindern

*Schau hin* ist eine Initiative des Bundesministeriums für Familie, Senioren, Frauen und Jugend gemeinsam mit Vodafone, ARD, ZDF und TV Spielfilm.

Fernsehen, Internet, Handy und Computerspielen stehen im Fokus dieser Website. Eltern können sich hier informieren, wie sie am besten mit den digitalen Medien umgehen und wie sie ihre

Kinder vor Risiken und Gefahren schützen. Im Gegensatz zu manchen anderen Seiten im Netz gibt es hier auch ganz konkrete Antworten auf ganz praktische Fragen. Beispielsweise: Ab wann darf ein Kind einen eigenen Fernseher haben? Oder: „Wie lange darf es täglich im Internet surfen oder online spielen? Das Informationsportal bemüht sich immer auch aktuelle Themen aus dem Bereich der digitalen Medien aufzugreifen, zum Download oder zum Bestellen gibt es verschiedene Broschüren und Flyer.

### Internet ABC

**Zielgruppe:** Einerseits Kinder zwischen 5–12 Jahren, andererseits deren Eltern und interessierte Pädagogen

Das *Internet ABC* ist ein werbefreies Internetportal und wird von der Landesanstalt für Medien NRW betrieben.

Das Ziel dieser Website ist es, den Kindern altersgerecht einen sicheren Zugang zum Internet zu ermöglichen. Die Inhalte beschäftigen sich allesamt mit Themen rund um das Internet und entsprechend ist der Surfschein, den Kinder hier machen können, auch das Kernstück. Lustige Zeichentrickfiguren erklären den Junior-Surfern alle wichtigen Funktionen wie E-Mail, Chat, Bildbearbeitung, Onlinespiel, Podcast, Internet-Recherche oder was es eigentlich mit sozialen Netzwerken wie *schülerVZ* auf sich hat. Zudem sind Lernspiele mit im Angebot sowie ein Schulfach-Navigator.

### Ein Netz für Kinder

**Zielgruppe:** Eltern und Pädagogen, aber unter der Rubrik „Surfen ohne Risiko" gibt es auch einen Kinder-Part.

*Ein Netz für Kinder* wird von der Beauftragten der Bundesregierung für Kultur und Medien (BKM) und dem Bundesministerium für Familie, Senioren, Frauen und Jugend verantwortet.

*Ein Netz für Kinder* stellt mit der „Whitelist" eine Liste für Kinder zusammen, in der unbedenkliche Seiten des Internets aufgeführt sind. Dies geschieht in Abstimmung mit dem Internet-Portal *www.fragfinn.de* (vgl. oben), die *guten Seiten* sind von Pädagogen gecheckt und von Kindern vorgeschlagen.

## Modell: Familien-PC

Experten empfehlen einen eigenen Computer für Kinder frühestens ab dem zwölften Lebensjahr. Doch der Familien-PC ist durchaus auch ein Modell für Familien mit älteren Kindern. Am besten wählt man einen Raum in der Wohnung, der „öffentlich" ist, so dass die Kinder ganz automatisch nicht ohne Aufsicht surfen.
Bei jedem PC gibt es die Möglichkeit, verschiedene Benutzerkonten einzurichten – am besten ist für jedes Familienmitglied ein eigenes Konto mit eigenem Passwort.
Die Schlüsselfigur in diesem Spiel sind die Administratorenrechte. Diese sollten natürlich bei den Eltern liegen. Dadurch wird sichergestellt, dass keine Software installiert, kein Programm heruntergeladen, kein Passwort geändert wird, ohne dass der Administrator Bescheid weiß. In dieser Instanz wird auch entschieden, wer am PC Zugang zu welchen Bereichen hat.

## Sieben Tipps für die Internet-Nutzung

1. Gehen Sie mit Ihren Kindern gemeinsam ins Internet.
2. Ist das Kind im Internet unterwegs, muss man nicht daneben stehen, aber man sollte stets ein offenes Ohr habe, wenn das Kind reden will. Melden Sie umgehend problematische Seiten!
3. Erstellen Sie einen Nutzungszeitplan – und zwar gemeinsam mit den Kindern. Legen Sie Zeiten sowohl fürs Fernsehen als auch fürs Internet fest.
4. Installieren Sie eine Jugendschutzsoftware, die Sie dem Alter ihres Kindes anpassen.
5. Machen Sie ihr Kind mit den wichtigsten Grundregeln des sicheren Surfens vertraut. Die Weitergabe von persönlichen Daten ist tabu.
6. Sprechen Sie mit Ihrem Kind über kostenpflichtige Angebote und dubiose Gewinnspiele.
7. Sprechen Sie in der Schule oder mit den Eltern der Schulfreunde ihrer Kinder über die Internetnutzung.
So erfährt man häufig, was gerade angesagt ist und wo eventuell Fallstricke lauern.

# Facebook & Co. –
# dear friends und followers

Facebook, Twitter, schülerVZ, myspace – viele
Kinder und Jugendliche sind zumindest in
einem dieser sozialen Netzwerke unterwegs.
Dort können sie sich selbst darstellen,
Freunde finden und chatten. Das Schöne
daran: in sozialen Netzwerken ist immer was
los! Es gibt neue Mitteilungen, Nachrichten
oder Bilder. Gerade für Jugendliche ist es da
extrem schwer, „draußen" zu bleiben, denn
über Mails, Blogs und Chats findet ein reger
Austausch statt.

## Phänomen soziale Netzwerke

Facebook, Twitter, schülerVZ, myspace – viele Kinder und Jugendliche sind zumindest in einem dieser sozialen Netzwerke unterwegs. Dort können sie sich selbst darstellen, Freunde finden und chatten. Das Schöne daran: in sozialen Netzwerken ist immer was los! Es gibt neue Mitteilungen, Nachrichten oder Bilder. Gerade für Jugendliche ist es da extrem schwer, „draußen" zu bleiben, denn über Mails, Blogs und Chats findet dort ein reger Austausch statt. Man gibt sich ein Profil mit Bild und offenbart den *Freunden* seine Vorlieben und Abneigungen.

Natürlich ist nicht alles eitel Sonnenschein, es gibt auch Grauzonen und die können gefährlich sein. Nicht jeder Freund ist so, wie er sich gerne darstellt. Und wer sich hinter einem Profil wirklich verbirgt, weiß niemand so wirklich genau. Für Kinder ist es sogar gefährlich, denn das im realen Leben herauszufinden, kann eine herbe Enttäuschung sein. Über die Risiken zu sprechen ist oberste Elternpflicht.

**Freunde treffen ist immer möglich**

Denn: Die so genannten sozialen Netzwerke sind alles andere als „sozial". Wer beginnt, sein Umfeld in „Friends" und „Followers" zu unterteilen, weiß in der Regel nicht mehr, welchen Wert Freundschaft eigentlich hat.

Auch ein soziales Netzwerk wie „schülerVZ" verniedlicht nur das ureigene Problem. Denn in der Konsequenz fehlt es zunehmend an Sozialkompetenz – ist Cyber-Mobbing Tür und Tor geöffnet.

Zum Thema „soziale Netzwerke" gibt es viel zu sagen, doch ein Exkurs über das Phänomen an sich sei an dieser Stelle erlaubt.

## Generation Facebook

Früher einmal gab es Familien. Sie waren einst groß und einflussreich, es gab Eltern, Großeltern, Tanten und Onkel und eine

Heerschar Kinder, Enkel, Cousins und Cousinen. „Familie", das war ein riesiges, soziales, generationenübergreifendes Netzwerk. Heute ist man schon eine Familie, wenn man nur ein Paar mit Kind ist. In der Konsequenz haben Kinder heute weniger soziale Kontakte und weniger natürliche Role-Models, früher auch Vorbilder genannt.

Das Leben in so großen Gemeinschaften ist heute selten geworden. Es hat sich ein schleichender Wandel hin zur Individualisierung vollzogen. Der Drang, auf sich selbst zu schauen und womöglich auf die Überholspur des Lebens zu gelangen, hat sich verselbstständigt. Der Einzelne will auf nichts mehr verzichten, schon gar nicht zum Wohle der anderen. Da ist kein Platz mehr für Gemeinwohl. Und doch will der Gemeinschaftssinn ausgelebt werden – und an dieser Stelle kommen soziale Netzwerke ins Spiel. Facebook & Co. gewinnen immer neue Anhänger!

**Großfamilien waren wichtig für Rollenvorbilder**

## Was ist Facebook?

Facebook ist eine Internetplattform, die so schnell wächst wie keine andere. Sie ist zum Synonym geworden für all die virtuellen Netzwerke, die sich im Laufe der letzten Jahre etablieren konnten – ob sie nun Facebook, Twitter, LinkdIn, schülerVZ oder StudiVZ heißen.

Doch wozu sind sie gut? Wir nehmen darüber Kontakt auf, „schließen" Freundschaften, finden Anhänger, kommunizieren, stellen dar und manchmal stellen wir uns auch bloß. „Wenn Facebook ein Land wäre, dann gehörte es zu den fünf bevölkerungsreichsten der Welt, vor Japan, Russland, Brasilien und Nigerias", erklärte Facebook-Begründer Mark Zuckerberg 2010. Er machte diese Aussage anlässlich des 400millionsten Facebookers. Um das Facebook-Phänomen zu verstehen, muss man das System verstehen, und da ist ein Blick zurück zu den Anfängen sozialer Netzwerke ganz nützlich.

**Das Facebook-Phänomen**

Mark Zuckerberg studierte Psychologie und Informatik an der Harvard University. Er stellte 2004 erstmals Seiten online, in denen die Erstsemester vorgestellt und mit den Gepflogenheiten des Campus vertraut gemacht wurden. Damit schuf er so etwas wie „digitale Jahrbücher". Er machte sich jedoch einen Spaß daraus, eine Seite zu entwickeln, wo die Bilder von Studentinnen veröffentlicht wurden, die dann von anderen Studenten „bewertet" werden konnten. Diese Seiten wurden binnen eines Tages verboten und wieder aus dem Netz genommen. Aber die Idee war geboren. Für andere Universtäten entwickelte Mark Zuckerberg dann Seiten, auf denen man eigene Bilder hochladen und Profile erstellen konnte. So kam eines zum anderen und mit den Möglichkeiten der digitalen Verknüpfung wuchs ein Netzwerk, das bald darauf die ganze Welt freundschaftlich verbinden sollte.

Was das *Phänomen Facebook* ausmacht, ist wiederum der Gemeinschaftssinn. In Situationen, in denen Menschen orientierungslos sind oder sich zumindest so fühlen, folgen sie dem Rudel, der Masse. Zwar wissen wir, dass dies keine Garantie dafür ist, den richtigen Weg einzuschlagen, aber es scheint wenigstens Garantie dafür zu sein, nicht allein zu bleiben.

**Virtuelle Freundschaften ersetzen echte Nähe**

Facebook bedient ein uraltes, menschliches Bedürfnis: Kommunikation. So sehr Menschen heute Probleme haben, direkt miteinander zu kommunizieren, so süchtig sind sie nach der virtuellen Anerkennung anderer geworden. Der besondere Reiz liegt in dem Spiel zwischen Nähe und Distanz. Denn in der virtuellen Realität ist alles möglich. Die am Rande stehen, können ins Rampenlicht treten und umgekehrt. In diesem Sinne sind soziale Netzwerke ein fiktives Abbild der Gesellschaft; Nähe wird durch virtuelle „Freundschaft" ersetzt.

## Was ist Freundschaft?

Über Freundschaft haben viele kluge Menschen viele kluge
Sachen gesagt. Um diesem Phänomen, dem menschlichen Urbe-
dürfnis der „Freundschaft", auf den Grund zu gehen, greifen
wir auf die Ursprünge zurück:
Laut Aristoteles ist Freundschaft ein wichtiges Element der Ge-
sellschaft. Dieser griechische Philosoph machte drei Formen von
Freundschaft aus: Die Nutzen-, Lust- und Tugendfreundschaft.
Alle drei Formen finden wir noch heute.
Die *Nutzenfreundschaft* verbindet all jene, die ein gemeinsames
Ziel haben, dieses zusammen verfolgen und, nachdem es erreicht
wurde, die Freundschaft beenden.
Die *Lustfreundschaft* wird im Affekt geschlossen, ist geprägt
von Spontaneität und Emotion, ist aber nicht krisentauglich und
gilt deshalb als instabil.
Die *Tugendfreundschaft* kommt dem, was wir unter „wahrer
Freundschaft" verstehen, am nächsten: Sie ist Freundschaft um
der Freundschaft willen. Solche Freunde sind durch gleiche
Denkmuster und Gewohnheiten verbunden, sie sind sich nah
und nehmen jeweils am Leben des oder der Anderen teil.

**Netzwerk-Freund-
schaften sind nicht
alltagstauglich**

Wenn wir also über Freundschaften über soziale Netzwerke
sprechen, dann haben wir es im Sinne von Aristoteles mit *Lust-
freundschaften* zu tun. Denn: Sie werden im Affekt geschlossen
und wären im wahren Leben kaum *alltagstauglich*.
Es beginnt schon mit der Freundschaftsanfrage – ein Klick, und
schon ist man beispielsweise auf Facebook verbandelt. Stelle
man sich nur vor, wie schwer es ist, auch im wahren Leben
ernsthaft diese Frage zu stellen: *Willst du mein Freund sein?* Das
hat doch gleich viel mehr Gewicht. Doch per Mausklick geht
das ganz einfach. Der durchschnittliche „Facebooker" hat 130
Freunde und schließt monatlich acht neue Freundschaften ab.
Die meisten dieser durchschnittlich 130 Facebook-Freunde
kennt man nicht im echten Leben und es ist sogar ziemlich

unwahrscheinlich, dass man ihnen jemals begegnet. Die Frage, die sich nun Autoren wie Juan Faerman stellen, ist: Warum geben wir Menschen, die wir zwar als Freunde bezeichnen, aber in der Realität gar nicht kennen, soviel von uns preis? Warum füttern wir sie mit so intimen Informationen aus unserem Leben? Und warum nehmen wir das, was in diesen virtuellen Netzwerken passiert, so ernst? Warum sind wir so erpicht darauf, einen „Daumen hoch" (Like it!) für das zu bekommen, was wir von uns offenbaren?

Es gibt eigentlich nur eine ehrliche Antwort darauf: Wir wollen Anerkennung. Soziale Netzwerke befriedigen dieses urmenschliche Bedürfnis nach Aufmerksamkeit. Je mehr Freunde, desto mehr Anerkennung. Die soziale Interaktion reduziert sich auf den „Like it"-Button.

Und was wir dabei lernen, ist, uns selbst zu betrügen. Denn wenn wir nur viele Freunde haben, wenn wir nur genügend Freundschaftanfragen verschicken, dann fällt es nicht weiter auf, wenn die eine oder andere abgelehnt wird. Im wahren Leben wären wir gekränkt und verletzt, wenn jemand unsere Freundschaft ablehnen würde.

*„Like it" statt echter Kommunikation*

Denn auch wenn es ein bisschen *old-fashioned* klingt: Freundschaft ist ein kostbares Geschenk. Mit wahren Freunden fühlt man sich nie allein! Doch das gilt nur für jene, die den Unterschied zwischen real und fiktional kennen. Tatsache ist aber: Kindern und Jugendlichen fällt es schwer, diesen Unterschied auszumachen. Und deshalb ist dieses Kapitel so wichtig, wenn es um digitale Medienkompetenz geht.

## Eintauchen, abtauchen, wegtauchen

Facebook ist das Synonym für Freundschaft in der digitalen Welt. Es wäre jedoch falsch, das Phänomen allein an diesem Anbieter festzumachen, dafür gibt es inzwischen viel zu viele, die diese Marktlücke für sich entdeckt haben. Aber Facebook ist ein Hausmarke – und nicht zuletzt deshalb das größte, international agierende Netzwerk. Wenn also im Folgenden öfter von Facebook als von anderen Netzwerken geschrieben wird, dann gilt das jedoch für alle Anbieter gleichermaßen.

Die sozialen Netzwerke haben zumeist unterschiedliche Zielgruppen, die sich beispielsweise über gemeinsame Interessen (Xing beispielsweise ist ein Business-Netzwerk) definieren. Andere möchten Schüler zusammenbringen (zum Beispiel schülerVZ) oder Studenten verbinden (beispielsweise StudiVZ). Letztere sind jedoch ein „Auslaufmodell", das schülerVZ-Format wurde im Sommer 2012 geschlossen und soll in anderem inhaltlichen „Design" wieder auftauchen. Andere wiederum bauen darauf, dass sich schon die „richtigen Leute finden" – wie Facebook oder Twitter.

Manche sozialen Netzwerke wie beispielsweise Facebook sind für alle offen. Sie haben allerdings eine untere Altersgrenze, wer noch keine 13 Jahre alt ist, kommt nicht rein. Allerdings prüft niemand die Altersangaben und so ist es relativ einfach, beim Geburtsdatum einfach ein bisschen zu schummeln.

- Facebook: 13 Jahre
- Google+: 13 Jahre
- Wer-kennt-wen: 14 Jahre

Doch niemand überprüft wirklich, ob beispielsweise die Angaben stimmen, die bei der Anmeldung abgefragt werden. Wer da etwas nicht korrekt angibt, verstößt gegen die allgemeinen Geschäftsbedingungen. So oder so ist bei all diesen Netzwerken auf die Sicherheitseinstellungen zu achten – aber dazu später mehr.

**Moderierte Netzwerke für Kinder**

Für die Kleinen gibt es auch so etwas wie soziale Netzwerke. In sichererer Form werden die von „offiziellen Stellen" angeboten. Gute Beispiele sind *meinkika*, *ZDFtivi* oder *kindernetz*. Im Netzwerk der Jüngeren gibt es feste und transparente Regeln, so müssen beispielsweise die Eltern bei der Anmeldung zustimmen. Zudem gibt es dort so genannte Moderatoren, die als Supervisor

die Aktivitäten der User beobachten und sich einschalten, falls
etwas Verdächtiges passiert. Auch gibt es einen „Alarm-Button",
den man im Notfall drücken kann.

## Eintauchen in die digitale Netzwerk-Welt

Zuerst muss man entscheiden, in welchen der sozialen Netzwerke man einsteigen will. Nachdem schülerVZ aus dem Ren-
nen ist, hier die drei größten Vertreter:

### Facebook – Der Marktführer
Das weltweit größte Netzwerk hat auch in Deutschland die
größte Verbreitung.
Online seit 2004
Stand 2012: 845 Millionen Nutzer, davon 22,6 Millionen im
deutschsprachigen Raum
Agiert in 74 Sprachen

### Wer-kennt-wen – alte Bekannte wiederfinden
Das zweitgrößte soziale Netzwerk in Deutschland wird von
RTL interactive betrieben.
Online seit 2006
Stand 2012: 9,5 Millionen Nutzer

Tipp: Jugendschutzseite von Wer-kennt-wen http://www.wer-
kennt-wen.de/static/jugendschutz/

### Google+
Online seit 2011
Stand 2012: 90 Millionen Nutzer
Agiert in 43 Sprachen

Erklärtes Ziel von sozialen Netzwerken ist es, Menschen zu verbinden. Sie geben den Mitgliedern die Möglichkeit, sich selbst
darzustellen und miteinander in Kontakt zu kommen. In den
meisten Communitys kostet das nichts und man braucht in der
Regel nicht viel mehr als eine E-Mailadresse. Bei manchen wird
eine Einladung eines anderen Mitglieds verlangt (zum Beispiel
bei Wer-kennt-wen).

**Netzwerkbetreiber handeln mit persönlichen Daten**

Was haben aber die Betreiber davon? Wie immer geht es ums
Geld, um Werbung beispielsweise. Andererseits erhalten die Betreiber ganz wertvolle Informationen, nämlich persönliche Daten – und das ist die wahre Schatztruhe des Netzwerkmodells.

## Zuerst die Registrierung – dann das Profil

Anhand eines „Steckbriefs" erleichtern die Netzwerkbetreiber
den neuen Mitgliedern die Erstellung eines Profils. Dabei werden Name, Alter, Wohnort, Beruf, Familienstand, Lebenslauf, Interessen und Hobbys, Lieblingsfilme und Lieblingsmusik abgefragt. Das kennt man ja auch aus verschiedensten Formularen
oder Freundschaftsbüchern. Schon hier gilt: weniger ist mehr.
Beim Marktführer Facebook steigt man auf der Profilseite in die
Timeline (deutsch Chronik) ein. Sie wurde 2011 etabliert und ist
seit Sommer 2012 verpflichtend für alle User. Die Chronik stellt

**Profile erzwingen Selbst-Preisgabe**

eine Art multimediales Tagebuch dar, in der alle Einträge chro-
nologisch aufgelistet sind und das die wichtigsten Ereignisse im
Leben der Nutzer darstellen soll. Die neue Aufmachung soll den
Facebooker animieren, mehr über sich preiszugeben. Ergänzt
wieder dieses Angebot durch Bilder und Produkte, die sich aus
dem großen Datenfundus von Facebook requirieren. Da kann
dann auch stehen, was man mag und was man kauft. Eine Möglichkeit, das neue Profilformat abzulehnen, gab es nicht.

## Freunde finden

Ist das Profil einmal erstellt und geht online, purzeln erstaunlich schnell die ersten Freundschaftanfragen herein. Wie das so schnell geht, ist ein kleines Wunder der Computertechnik. Wie beim Suchmaschinen-Prinzip werden die Profile „verschlagwortet" und binnen Minuten mit den Profilen anderer User abgeglichen. Diesen wiederum flattert dann zeitnah ein Freundschaftsvorschlag ins Haus – bei Facebook heißt es dann: „Personen, die du vielleicht kennst".

Gerne ist Facebook auch bei der *konkreten* Suche behilflich. Dazu müsste man dann allerdings dem Betreiber Zugang zum E-Mailaccount geben – was man natürlich nicht tun sollte. Aber wenn man es tut, so greift eine spezielle Software direkt darauf zu und vergleicht nicht nur Namen und Profile, sondern auch E-Mailkontakte. Da ist die manuelle Suche allemal die bessere, weil sicherere Alternative!

Andererseits kann man sich auch selbst aktiv auf die Suche nach Freunden und Bekannten machen. Dazu gibt man den Namen einfach in die Suchleiste ein – und der Computer generiert binnen Sekunden eine Vorschlagsliste mit Usern, die diesen Namen tragen; daraus muss man dann nur den richtigen auswählen. Die Angaben, die für Suchende ersichtlich sind, erscheinen nicht besonders üppig, denn bei der Freigabe der Informationen „an alle" sind die meisten Facebooker vorsichtig. Sollte man jemanden, den man sucht, anhand von Bild und Wohnort (plus Namen selbstverständlich) nicht korrekt identifizieren, kann man eine Nachricht verschicken und einfach fragen. Aber um ehrlich zu sein, machen sich die meisten nicht solche Mühe, sondern fragen einfach die Freundschaft an.

Gerade zu Beginn ist es natürlich unheimlich verlockend, möglichst schnell viele Freunde zu finden. Das beruhigt sich im Laufe der Zeit, funktioniert aber dann wie ein Schneeballsystem. Über das, was die anderen Menschen posten oder welche Bilder sie ins Netz stellen, wird man aufeinander aufmerksam und – es ist ja nur ein Klick – hat schnell solch ein Angebot zur Kontaktaufnahme verschickt.

Da kann es passieren, dass man ganz schnell hundert Freunde hat – und das fühlt sich zunächst einmal ziemlich gut an.

Wer es mit dem Begriff „Freundschaft" nicht allzu genau nimmt, der hat mit und ohne aufwändige Suche ohnehin bald viele „Freunde". Ständig werden dem User neue Kontakte vorgeschlagen, die über ähnliche Interessen verfügen oder in der Nähe des eigenen Wohnorts zu Hause sind.

Im Grunde funktioniert es so: Je mehr Angaben man zur eigenen Person macht, desto mehr Freunde findet man. Der durchschnittliche Facebooker hat dementsprechend 140 Freunde.

## Entdecke die Möglichkeiten!

Das könnte der Werbeslogan sozialer Netzwerke sein, denn diese sind wirklich unendlich. Ist man einmal bei Facebook o.ä. etabliert, kann man naturgemäß seine Neugier nicht zügeln und sucht neue und alte Bekannte. Und Neugier ist immer eine starke Motivation.

Überall, egal, wo und was man sucht, hinterlässt man Spuren im Netzwerk. Und diese werden von den Betreibern als wertvolles Kapital gehandelt. Es bietet sich auch die Möglichkeit, sich über Smartphones bei Facebook einzuwählen oder eingeloggt zu bleiben. So bekommt man alle Meldungen von Freunden (wenn man es denn will) quasi in Echtzeit serviert beziehungsweise hinterhergetragen. Ist das Smartphone GPS-fähig und der entsprechenden App des sozialen Netzwerkes geladen, kann man sich beispielsweise anzeigen lassen, welche Freunde gerade in der Nähe unterwegs sind. Wen könnte man jetzt auf einen Kaffee treffen? Oder eine spontane Einladung zur Party? Die postet man einfach an der Pinnwand!

**Wer ist gerade in der Nähe unterwegs?**

## Nicht alles ist automatisch gut!

Besondere Vorsicht ist bei Voreinstellungen geboten! So kann man beispielsweise bei Veranstaltungen, die man bei Facebook postet, zwar manuell verstellen für wen sie sichtbar wird; wenn man das aber vergisst, aktiviert man automatisch „Jeder kann die Veranstaltung sehen und sie ab- oder zusagen". Und was dann passiert, liest man dann immer wieder in den Tageszeitungen, wenn mehrere Tausend Gäste auf einer privaten Geburtstagsparty auftauchen und die Polizei die Veranstaltung beenden muss. Es gibt aber auch gezielte „Flashmobs", die genau auf diesen Masseneffekt abzielen – nur, um ganz ehrlich zu sein, lustig ist das dann eher selten.

**Flashmobs und Massenpartys**

Ganz allgemein kann man aber festhalten, dass die automatischen Voreinstellungen der sozialen Netzwerk-Betreiber keinen wirklich ausreichenden Schutz anbieten. Wer Daten missbrauchen will, hat jedenfalls keine großen Probleme.

Was muss man also tun? Eingreifen, wo man eingreifen kann – und sich nicht auf die Betreiber verlassen. Im Fall von Facebook kann man unter den Einstellungen die Maßnahmen zum Schutz der Privatsphäre selbst festlegen. Wie das Schritt für Schritt geht, verraten Seiten wie *schau hin* und ähnliche.

### Gesichtserkennung sperren

Seit einiger Zeit hat man bei Facebook eine Gesichtserkennung eingeführt. Diese Funktion vergleicht Personen auf Fotos mit anderen Fotos, die im Netz stehen. Es ermöglicht auch Usern, Personen zu markieren. Dadurch können Verbindungen zu anderen (unter Umständen fremden Profilen) hergestellt werden.

## Tipps für Eltern

• Schaffen Sie eine Vertrauensbasis! Wenn Sie soziale Netzwerke an sich ablehnen oder verbieten, ist das wenig hilfreich – bleiben Sie Partner und Vertrauter.
• Prüfen Sie gemeinsam mit den Kindern die Sicherheitseinstellungen und helfen Sie beim Erstellen von Profilen.
• Schauen Sie sich ab und zu die Freundesliste Ihres Kindes an – sprechen Sie immer wieder über die eventuellen Risiken.
• Problematische Zwischenfälle kann und muss man melden: www.jugendschutz.net

## Tipps für jugendliche User

• Auch wenn es uncool ist, wähle eine Vertrauensperson aus, mit der du offen über das, was dir in den sozialen Netzwerken begegnet reden kannst.
• Wähle eine Profileinstellung, die nur für dich und deine wirklichen Freunde sichtbar ist. Wohnort, Schule oder gar Adresse und Telefon bzw. Handynummern gehören nicht ins Netz.
• Was einmal im Netz steht, bleibt auch dort! Überlege sorgfältig, was du preisgibst. Wähle Profilbilder, auf denen du nicht eindeutig zu identifizieren bist.
• Sei vorsichtig, wem du die Freundschaft anbietest und von wem du Freundschaftsanfragen bestätigst. Ehrlichkeit in sozialen Netzwerken ist eher selten.

## Aktiv bleiben! Das wollen die Betreiber

Folgt man der Spur des Geldes, wird ziemlich schnell klar, dass die Betreiber selbst eine reges Interesse an aktiven Usern haben. Wer sich zu selten einloggt, der wird schon mal mit einer E-Mail „angestupst": „Deine Freunde vermissen Dich!", lautet der E-Mail-Standardtext. Aktive Nutzer sind das Kapital des Betreibers. Oder konkreter: Die Daten der Benutzer zahlen sich für den Betreiber in Geldwert aus. Wie viele Daten soziale Netzwerke sammeln, kann man sich kaum vorstellen – und was sie damit machen, möchte man sich nicht vorstellen.

Denn: Je mehr Informationen dieser Anbieter seinen Werbekunden anbieten kann, je zielgerichteter die Profilinformationen verwertet werden können, desto mehr zahlt die Werbebranche für die Nutzerdaten.

Denn: Wo sonst außer in sozialen Netzwerken bietet sich für Werbetreibende die Chance, ihre Produkte zielgenau auf Personen eines ganz bestimmten Alters und Geschlechts in einer ganz bestimmten Wohngegend zu richten? Der Wert des Marktführers Facebook wird auf rund 100 Milliarden Dollar geschätzt. Und das ist ganz schön viel, in Anbetracht der Tatsache, dass man „nur" eine Internetplattform anbietet, auf der sich Menschen finden und in Kontakt bleiben. Doch in der Tat ist Facebook schon viel mehr: Trifft man neue Kollegen oder hat einen Auftraggeber an der Angel, googlet man ihn und sucht ihn auf Facebook. Weltweit gleichen Personalchefs erhaltene Bewerberdaten mit den Facebook-Profilen ab. Der Fantasie der Nutzung scheinen keine Grenzen gesetzt.

Fast täglich warnen Datenschützer vor der Datensammlung und Verwertung durch soziale Netzwerke, insbesondere Facebook, doch niemand hört es. Immer raffinierter werden die technischen Möglichkeiten, mit denen man die User „ausspioniert". Aber eigentlich ist man ja auch selbst daran schuld, verteilt man doch schon fast spielerisch seine Gunst an verschiedene Pro-

dukte und Interessensgruppen. Aus fast jeder Bewegung im
Netzwerk lassen sich Rückschlüsse ziehen; ob diese dann richtig
sind, sei einmal dahingestellt.

## Der „Gefällt mir"-Button

Der größte Datensammler ist der „like it!"-Button (gefällt mir).
Unter jeden Eintrag, jedem Bild, das gepostet wird, kann man
entscheiden, ob es einem gefällt oder eben nicht. Beides lässt
Rückschlüsse auf den User zu.
Zahlreiche Unternehmen, Organisationen und Dienstleister sind
inzwischen auch dazu übergegangen, solche „Daumen hoch!"
mit Facebook-Logo auf den eigenen Websites zu etablieren. Wer
da seine Meinung hinterlässt, hat schon wieder eine wertvolle
Dateninformation preisgegeben. Denn längst sind viele Internet-
nutzer selbst dann mit Facebook verbunden, wenn sie gerade
gar nicht bei Facebook sind. Jeder X-beliebige Klick auf den „
Gefällt mir"-Button reicht, um Kontakt zu Facebook herzustellen. Der kurze Mausklick verrät dem Unternehmen, auf welcher
Webseite man gerade unterwegs ist – und was einem gefällt.
Was viele allerdings nicht wissen: Der „Gefällt mir"-Button liefert selbst dann Informationen an Facebook, wenn man nicht
darauf klickt. Allein die Tatsache, dass der Button auf einer Internetseite angezeigt wird, liefert Facebook viele neue Informationen, die sich vermarkten lassen. So werden auch Nicht-Mitglie-
der zu dankbaren Datenlieferanten und helfen mit beim Erstellen von Interessensprofilen.
Doch nichts Genaues weiß man nicht – und weil man nichts Genaues weiß und Facebook auch keine Auskünfte gibt, kann man
nur spekulieren, was mit den Daten passiert und wie lange sie
gespeichert werden.

**Daumen hoch und Daumen runter?!**

## Was tun? Weniger ist mehr, zu wenig ist gar nichts!

Vernünftigerweise müsste man zur *Datensparsamkeit* raten, doch allein dieser Rat ist auch nicht wirklich vernünftig. Wer ganz sicher sein will, der sollte draußen bleiben, denn Sicherheit, so wie man sie sich wünscht, gibt es in sozialen Netzwerken nicht.

Tatsache ist, wer nur minimalistische Angaben macht, ist uninteressant. Nicht nur für Facebook, sondern auch früher oder später für seine Freunde. Natürlich sollten Eltern den Nachwuchs auffordern zurückhaltend zu sein, doch wer auf Facebook und Co. angemeldet ist und sich darüber mit Freunden trifft und austauscht, hinterlässt automatisch seine Spuren, die auch nicht zu löschen sind.

**Ganz sicher ist nur: draußen bleiben**

Um die Sache etwas übersichtlicher zu gestalten, kann man seinen Freundeskreis auch in unterschiedliche „Kreise" oder „Listen" einteilen. Da gibt es beispielsweise „Enge Freunde", „Bekannte", „Familie" und ähnliches. Innerhalb dieser Listen, lassen sich wiederum bestimmte Funktionen wählen. So werden bei „Engen Freunden" quasi alle Schritte angezeigt, die diese im Netzwerk tun. Ein bisschen gruselig ist das schon, faszinierend aber auch. Und nur wer frei von jeglicher Neugier ist, hat damit natürlich kein Problem.

Um zu sehen, wie sich ein User oder man selbst im sozialen Netzwerk präsentiert, gibt es die Möglichkeit, das Profil „aus Sicht eines Freundes (Fremden)" zu betrachten. Diesen Check sollte man unbedingt machen – und gegebenenfalls die veröffentlichten Angaben nachträglich bearbeiten. Die sind dann zwar nicht weg, aber sie sind nicht mehr für alle sichtbar.

Denn – und auch das ist ein Erfahrungswert – kaum ein neues Mitglied durchsteigt gleich zu Beginn all die Finessen der Sicherheitseinstellungen und ihre Konsequenzen. Da muss man auch kein schlechtes Gewissen haben, denn nur wirkliche Cracks beherrschen alle Ebenen auf Anhieb. Die meisten User lernen durch (schlechte) Erfahrungen. Datenmissbrauch über soziale Netzwerke kann unterschiedliche Wege gehen – und verschiedene Konsequenzen haben. In diesem Zusammenhang und im Bezug auf Jugendliche und Kinder muss auch über Cyber-Mobbing geschrieben werden (siehe unten).

## Extra: schülerVZ

Die schülerVZ ist ein soziales Netzwerk exklusiv für Schüler. Eltern haben hier keinen Zutritt. Das Aufnahmeverfahren funktioniert durch Einladungen, die Mitglieder von schülerVZ an Freunde aussprechen können.

Dadurch versuchen die Betreiber, die Schwelle für Erwachsene zu erhöhen, sich widerrechtlich Zugang zum schülerVZ zu verschaffen. Damit dient das Prinzip der Einladung der Sicherheit für die jugendlichen Nutzer.

Bei der Anmeldung werden die üblichen Informationen – Name, Geburtstag, Geschlecht, besuchte Schule – abgefragt. Zusätzlich müssen eine E-Mail-Adresse und ein Passwort (wird verschlüsselt gespeichert) angegeben werden.

**Ein Schüler-Netzwerk – exklusiv**

Nachdem die *Allgemeinen Geschäftsbedingungen* und der *Verhaltenskodex* akzeptiert und die Datenschutzerklärung gelesen und bestätigt wurde, wird das Profil aktiviert. Normalerweise ist dann auch noch eine Erlaubnis der Eltern erforderlich. Falls Eltern herausfinden, dass sie diese nicht gegeben haben, empfehlen die Betreiber folgendes:

„Sie haben erfahren, dass sich Ihr Kind ohne Ihre Erlaubnis im schülerVZ angemeldet hat? Selbstverständlich haben Sie als Erziehungsberechtigte jederzeit die Möglichkeit, der Nutzung zu widersprechen bzw. den Account gemeinsam mit Ihrem Kind wieder zu löschen. Wir empfehlen jedoch einen anderen Weg. Statt Verboten, die erfahrungsgemäß die Neugier schüren und selten dazu führen, dass die Finger auf Dauer vom Verbotenen

gelassen werden, sollten Sie die Stärkung der Medienkompeten-
zen für den Umgang mit dem Internet und Sozialen Netzwerken
bevorzugen."

Trotz sinkender Zahlen meldet die schülerVZ auf ihrer Website
noch 5 Millionen Mitglieder. Da dieses soziale Netzwerk in den
letzten Jahren immer weniger Zulauf hat und zudem auch ins
Zwielicht geraten ist, erwägen die Betreiber eine Schließung.
Lobenswert ist jedoch die Informationspolitik und die Bemü-
hungen von schülerVZ Beträge zur Medienkompetenz-Schulung
zu leisten. Hierfür bieten sie eigens entworfenes Lehrmaterial
an.

Bei schülerVZ gibt es unterschiedliche Überwachungsinstanzen.
Auffällige Personen oder Inhalte, die zudem gegen den *Verhal-
tenskodex* verstoßen, können dem Betreiber gemeldet werden.
Den Button „Melden oder Ignorieren" findet man auf dem Pro-
fil des Nutzers, der auffällig wird, unterhalb des Profilfotos.
Auch Gruppen oder Fotos können gemeldet werden.

Und wie finanziert sich schülerVZ? Die VZ-Netzwerke (und damit auch schülerVZ) finanzieren sich – so wie alle anderen auch
– durch Werbung.

## Cyber-Mobbing – was ist das?

Cyber-Mobbing ist eine neue Form der Gewalt, bei der die Opfer mit Hilfe elektronischer Medien beleidigt, bloßgestellt und
bedroht werden. Für diese Art der „üblen Nachrede" gibt es
verschiedene Bezeichnungen: Internet-Mobbing, Cyber-Bullying,
E-Mobbing und ähnliches bezeichnen alle das gleiche „Verge-
hen".

**Bedrohungs-
potential
elektronischer
Medien**

Cyber-Mobbing, um bei diesem Begriff zu bleiben, findet entweder im Internet (durch E-Mails, Instant Messenger, in oder mit
Hilfe von sozialen Netzwerken, durch Videos auf entsprechenden Portalen) oder per Handy (durch SMS oder lästige Anrufe)

statt. Oft agiert der Täter – den man „Bully" nennt – anonym, so dass das Opfer nicht weiß, von wem die Angriffe stammen. Fast jeden Tag kann man eine Zeitungsnotiz dazu finden, schon längst sind Mobbing-Attacken an Schulen, die immer häufiger mithilfe des Internets stattfinden, zum Alltag geworden. Ein trauriger Alltag, denn hinter jedem Opfer steht eine Geschichte – und hinter dem Täter auch.

Dass es sich dabei um ein weit verbreitetes Phänomen handelt, zeigt eine Studie des Zentrums für empirische und pädagogische Sozialforschung von 2009, in der von rund 1,9 Millionen Opfern von Cyber-Mobbing deutschlandweit die Rede ist. Bei den Belästigungen handelt es sich um ernstzunehmende Attacken, die oft schmerzhafte seelische Verletzungen verursachen. Die Reaktionen der Kinder können sehr unterschiedlich sein. Einige sind eingeschüchtert, beteiligen sich nicht mehr am Schulunterricht, andere ziehen sich zurück, um keine Angriffsfläche mehr zu bieten. Wieder andere Kinder reagieren aggressiv oder werden krank.

**Gemobbt wird im eigenen Umfeld**

Vor rund zwei Jahren sorgte der Spielfilm „Homevideo" für Aufruhr und belebte die Diskussion rund um Ursachen und Schuld neu. Die Opfer werden nur bedauert, doch getan wird immer noch zu wenig. Denn nicht immer sind die Auswirkungen so plakativ-dramatisch wie in dem genannten Spielfilm. Die meisten Geschichten sind vergleichsweise unspektakulär, aber nicht minder dramatisch für alle Betroffenen.

Cyber-Mobbing kann Kinder, Jugendliche und Erwachsene gleichermaßen treffen, oft kennen sich Opfer und Täter sogar aus dem realen Leben. Erfahrungen haben gezeigt, dass die Vermutungen der Opfer, wer hinter den Attacken steckt, oft richtig sind. In der Regel sind die Mobber häufig Personen aus dem eigenen Umfeld, auch wenn das natürlich erst mal schwer zu glauben ist. Fälle, in denen gänzlich fremde Täter aktiv wurden, gibt es kaum. Wen es nicht schon einmal persönlich betroffen hat, der kann es kaum glauben, das Cyber-Mobbing so weit verbreitet ist. Das kommt schlicht daher, dass so viele Menschen im Netz unterwegs sind. Statistiken dazu gibt es viele, mache belegen, dass rund 57 Prozent aller 12–19-jährigen Jugendlichen soziale Netzwerke täglich oder mehrmals wöchentlich nutzen. Etwa 75 Prozent verwenden Instant Messenger (vgl. unten) mindestens einmal wöchentlich. Da alle über die diversen Dienste regelmäßig auch Fotos verschicken, geben immerhin 15 Prozent der jugendlichen Nutzer zu, dass auch mal Bilder darunter waren, die man durchaus als peinlich bezeichnen könnte. Alles in allem genug Material, um einen anderen „schlecht zu machen".

## Üble Nachrede im Internet – das ist neu!

Mobbing ist an sich keine neue Erscheinung, aber Cyber-Mobbing ist schon ein wenig anders. Die wichtigsten Unterschiede sind:

### • Rund um die Uhr

„Normale" Mobbing-Attacken oder das Hänseln auf dem Schulhof haben Grenzen, im Internet gibt es die nicht. Cyber-Mobbing endet also nicht mit dem Schulschluss, sondern ist zeitlich flexibel und dementsprechend penetrant. Cyber-Bullies greifen ihre Opfer rund um die Uhr über das Internet oder das Handy an, verfolgen ihre Opfer regelrecht. Das erhöht den Druck.

*Anonymes Mobbing im Internet ist ohne Grenzen*

### • Viel Publikum, rasante Verbreitung

Nachrichten oder Bilder, elektronisch herumgeschickt, sind quasi nicht mehr kontrollierbar, sobald man sie online stellt. Es ist beispielsweise ganz einfach, Filme von einem Internetportal in ein anderes zu kopieren. Dadurch wird ein unendlich viel größeres Publikum erreicht und das auch noch in wirklich rasanter

Geschwindigkeit. Ausmaß und Spielraum von Cyber-Mobbing hat entsprechend eine ganz neue, andere Dimension, als es beim „einfachen" und direktem Mobbing je möglich ist. Auch Inhalte (beispielsweise Fotos), die man schon längst vergessen hat, können immer wieder ins Licht der Öffentlichkeit gelangen und es Opfern schwermachen, darüber hinwegzukommen.

● **„Cyber-Bullies" agieren anonym**
Nicht zu wissen, wer der Täter oder die Täterin ist, kann einem Opfer Angst machen und es dauerhaft verunsichern. Panik-Attacken als Folge von Cyber-Mobbing sind keine Seltenheit. Weil man nicht weiß, wer es ist, der einen belästigt, sieht man in fast jedem Menschen den möglichen Täter. Der „Cyber-Täter" zeigt sich seinem Opfer nicht direkt und kann Hinweise so manipulieren, dass daraus ein ganz perfides Spiel werden kann. Nicht selten ist der, der einem Opfer scheinbar beisteht, der eigentliche Täter, der sich so noch einen besonderen Kick holt.

*Perfides Spiel im Netz*

● **Schnittmengen von „Cyber-Bully" und Opfer**
Cyber-Mobbing kommt sowohl zwischen Gleichaltrigen (z.B. Freunden und Mitschülern) als auch zwischen unterschiedlichen Generationen (z.B. Schülern und Lehrern) vor. Alter oder Aussehen spielen dabei nur ganz selten eine Rolle. Es ist ja schließlich ganz einfach, sich im Netz eine neue, andersartige Identität zu geben, die einem Realitätsabgleich nur selten standhält.

● **Unbeabsichtigtes Cyber-Mobbing**
Kinder und Jugendliche agieren oftmals impulsiv und für den Erwachsenen nicht immer nachvollziehbar. Dadurch können Mobbing-Szenarien im Netz auch ohne konkrete Absicht entstehen. Es gehört deshalb zu den Pflichten der Eltern, mit den Kindern auch über solche Möglichkeiten zu sprechen und sie vor Konsequenzen und Folgen zu warnen. Nicht alles, was als Scherz oder Witz gedacht war, ist für den Betroffenen auch lus-

tig. Da die Reaktionen der Opfer für den Täter nicht sichtbar sind, ist ihm das Ausmaß verletzender Worte oder Bilder oft nicht klar. Das Leid der Opfer hingegen ist unermesslich und kann für das folgende Leben fatale Folgen haben.

## Cyber-Mobbing ist kein Kavaliersdelikt

Cyber-Mobbing ist längst auch ein Thema, das die Behörden auf den Plan ruft. Im Mittelpunkt steht natürlich die Frage nach dem Warum. Experten der Polizei haben herausgefunden, dass Angriffe im Netz entweder aus Rache oder zur Belustigung erfolgen. Beide Motive wurden etwa gleich häufig genannt, als man Täter nach den Beweggründen für ihr Handeln befragte. Eine wichtige Rolle spielt aber auch die Gruppendynamik. Viele Kinder und Jugendliche schließen sich lieber dem Täter als dem Opfer an, um den Schutz des Stärkeren zu genießen. „Vielfach steckt auch eine gewisse Neugier dahinter, zu sehen, ob und wie Mobbingopfer reagieren", vermutete ein Polizeiexperte in einem Interview mit der Website Schau hin. Für viele Kinder ist es vor allem ein Spaß, andere zu ärgern oder zu beleidigen. Dahinter steht vielleicht keine wirklich böse Absicht, sondern schlichter Voyeurismus. Aber Zuschauen ohne zu helfen läuft schlussendlich auch auf eine Mittäterschaft heraus.

**Böse Absicht oder „nur" Voyeurismus?**

Der Glaube an die vermeintliche Anonymität des Internets ist der Grund dafür, dass sich die Täter sicher fühlen und die Angriffe oft heftiger und langwieriger sind als bei einem direkten Kontakt zwischen Täter und Opfer. Bevorzugte Tatorte sind Chats oder die sozialen Netzwerke. Auch das Erstellen so genannter „Fake Profile", bei denen man unter falschen Namen oder unter dem Namen des Opfers Profile in sozialen Netzwerken einrichtet, sind beliebt, um anderen zu schaden.

Wie viele Fälle von Cyber-Mobbing es tatsächlich gibt, lässt sich nur schwer sagen. Die Dunkelziffer ist sehr hoch. Das liegt zum einen daran, dass es keinen direkten Strafbestand „Cyber-Mobbing" gibt und nur die wenigsten Fälle zur Anzeige gebracht werden. Zum anderen scheuen viele Eltern von Opfern vor einer Anzeige zurück und wollen nur, dass „Gras über die Sache wächst", damit das Kind nicht noch länger leidet.

## Was Eltern tun können, wenn ihr Kind zum Opfer wurde

Für die Eltern von Opfern ist es wichtig, schnell zu reagieren:

### Sprechen Sie mit Ihrem Kind!
Für Kinder ist es wichtig, zu wissen, dass sie sich bei allen Problemen vertrauensvoll an die Eltern wenden können. Gemeinsam kann man dann den Ursachen auf den Grund gehen und Lösungen finden. Wichtig ist es auch, die Lehrer zu kontaktieren und die Eltern der/des Täter(s) (falls bekannt) anzusprechen, um weiteres Mobbing zu verhindern.

### Beweise sichern
Machen Sie einen Screenshot (Bildschirmaufnahme) der unerwünschten Fotos und Informationen. Notieren Sie Namen oder Nicknames (Spitznamen) der verantwortlichen Nutzer. Falls die Täter bekannt sind, sprechen Sie die Eltern an und konfrontieren Sie diese mit den Belegen.

### Inhalte löschen lassen
Nehmen Sie Kontakt zu den Betreibern der entsprechenden Internetseiten auf und fordern Sie, dass die beleidigenden und verletzenden Inhalte umgehend gelöscht werden. Bei Problemen hierbei kann man sich auch an Beschwerdestellen wie www.jugendschutz.net wenden.

**Wenn nichts anderes hilft: Rechtliche Schritte einleiten**

Gibt es keine Hinweise auf den Täter oder zeigt sich dieser un-
einsichtig, sollte man die Polizei einschalten und den Übergriff
zur Anzeige bringen! Über die IP-Adresse des Computers, der
für die Attacken verwendet wurde, kann man den Täter ermitteln!

## Was können Eltern tun, wenn ihre Kinder zu Tätern werden?

Spontan wird jeder gleich denken: Was soll das? Mein Kind
macht so etwas nicht! Sicher ist der Gedanke nicht angenehm,
aber da, wo fast zwei Millionen Opfer sind, sind mindestens
ebenso viele Täter.

Die Gründe für Cyber-Mobbing können auch auf der Täter-Seite
ganz unterschiedlich sein, unterscheiden sich jedoch nur wenig
von den Ursachen für direktes Mobbing im Klassenzimmer oder
auf dem Schulhof. Cyber-Mobbing-Täter suchen sich häufig Opfer, um sich selbst besser zu fühlen, Wut abzubauen oder Anerkennung zu erlangen. Auch Rache kann ein Motiv sein.

Eine wichtige Rolle spielt die Gruppe. Wenn viele Mitschüler

**Häufig spielt Gruppendynamik eine große Rolle**

sich am Mobbing beteiligen, entsteht Entscheidungsdruck: Entweder macht man auch mit oder man wird selbst zum Opfer. So
einfach ist das, und so schnell geraten Kinder in den Gewissens-
konflikt.

Gerade jüngere Täter sind sich selten bewusst, was sie damit an-
richten und welche Ängste und Verletzungen sie bei den Opfern
bewirken. Manche halten es für eine Art „Spiel", agieren ohne
genauer darüber nachzudenken.

Für Eltern, deren Kinder sich an solchen Cyber-Übergriffen beteiligt haben, gilt:

**Reden Sie mit Ihrem Kind,**

… und versuchen Sie die Gründe herauszufinden, warum Ihr Kind andere belästigt, ausgrenzt oder beschimpft. Oft liegen diese Gründe nämlich nicht in der Person des Opfers, sondern beim Täter selbst. Ursachen können beispielsweise Unzufriedenheit oder mangelnde Anerkennung sein.

**Verdeutlichen Sie die Lage des Opfers,**

… und veranschaulichen Sie, wie unangenehm diese Rolle ist und wie schlecht man sich als Opfer fühlt.

**Sprengen Sie die Tätergruppe,**

… und nehmen Sie gegebenenfalls Kontakt zu Eltern auf, deren Kinder ebenfalls zur Gruppe der Mobbing-Täter gehören. Besprechen Sie die Vorfälle. Ziel sollte es sein, das Mobbing zu beenden.

**Beenden Sie die Mobbing-Aktivitäten,**

… indem Sie Ihr Kind auffordern, die Inhalte oder Bilder zu löschen. Auch sollte es Konsequenzen haben, wenn sich das Kind nicht an ihre Vorgaben hält.

**Bitten Sie die Lehrkräfte um Mithilfe,**

… zum Beispiel, indem diese Cyber-Mobbing im Unterricht aufgreifen und im Klassenverband besprechen.

## Familiäres Konflikt-Potential

Soziale Netzwerke, Chats und Ähnliches bergen einiges an familiärem Konflikt-Potential. Sie sind für junge Leute häufig schon zur zweiten Heimat geworden, in der scheinbar eigene Regeln gelten. Es entsteht durch diese auch eine neue Gruppenidentität, die wiederum den „Gruppenzwang" fördert. Deshalb ist es für

Eltern auch immer schwer anzuerkennen, wenn das eigene Kind im Netz Sachen macht, die man ihm nie und nimmer zugetraut hätte.

In Gänze kann dieses Buch die unendlichen Möglichkeiten, schwerwiegende Fehler zu machen, ohnehin nicht abdecken. Jeden Tag entstehen neue Möglichkeiten, Risiken und Gefahren – und gerät das Unrechtsbewusstsein unter Druck. Es ist – leider – nur allzu leicht, die Rechte anderer zu verletzten, Forderungen entstehen zu lassen, die schlussendlich zu Lasten der Eltern als Erziehungsberechtigte gehen. Der Welt der unbegrenzten Möglichkeiten ist jeden Tag aufs Neue eine Wundertüte der Versuchungen.

**Zweite Heimat Netzwerke**

## Filesharing

Die neuesten Hits auf dem MP3 player oder die tollsten Filme online anschauen, ohne dafür bezahlen zu müssen – klingt das nicht verführerisch? Zu verführerisch für junge Leute, die sich gerade in diesem Moment der Verführung so rein gar keine Gedanken darüber machen, dass vielleicht etwas falsch daran ist. Schließlich machen das ja alle.

**Verletzung von Urheberrechten ist strafbar!**

Filesharing bedeutet wörtlich übersetzt *Dateien teilen*. Das hört sich nett und freundlich an – ist aber illegal und somit in der Tat ein Straftatbestand. Und das kann richtig teuer werden, weil Filme, Spiele und Musikdateien natürlich urheberrechtlich geschützt sind.

Vor allem ist das Risiko, dabei erwischt zu werden relativ groß, denn JEDER PC MIT INTERNETANSCHLUSS KANN ÜBER DIE EINZIGARTIGE IP-ADRESSE ERMITTELT WERDEN.

Dabei muss das nicht sein, denn es gibt legale Möglichkeiten, kostenlos Musik für private Zwecke von Internetradios mitzuschneiden. Angebot dazu findet man beispielsweise unter www.tauschnix.de.

Der Download ist eine Sache, der Upload eine andere – und auch dabei müssen die Rechte andere Personen geschützt werden. Man darf also nicht einfach so ein Video von der letzten Geburtstagsparty hochladen, ohne alle Personen, die darin zu sehen sind, um Erlaubnis gefragt zu haben. Hierbei geht es um den Schutz der Persönlichkeitsrechte (vgl. S. 52).

**Download und Upload nur mit Genehmigung!**

Zur Medienkompetenz – das zeigt sich an dieser Stelle ganz deutlich – gehört eben sehr viel mehr, als den PC einzuschalten. Eltern sind dafür verantwortlich, dass sich Kinder an die entsprechenden Regeln und Gesetze halten. Vor allem die Langfristigkeit solcher spontanen Aktionen, ist den jungen Usern oft nicht bewusst. Sind persönliche Bilder und Daten einmal im Netz, können sie von Dritten benutzt und verfälscht werden, ohne dass man noch einen Einfluss darauf hat.

## Twittern

Das Netzwerk Twitter ist eher etwas für Erwachsene. Jugendliche User gibt es nur wenige. Da sich Prioritäten schnell ändern, sei ein kurzer Ausflug erlaubt.
Ein Tweet ist eine Kurznachricht, ähnlich der SMS, die über das soziale Netzwerk *Twitter* versendet wird. Solche kurzen Mitteilungen, die nicht mehr als 140 Zeichen haben dürfen, kann man entweder direkt auf der Twitter-Seite eingeben oder per SMS an Twitter schicken.

Und was schreibt man da so? Zum Beispiel, was man gerade macht oder wie man sich gerade fühlt. Freunde und Bekannte des Autors können diese Nachrichten in Echtzeit lesen. Ist man an den Nachrichten einer bestimmten Person interessiert, kann man diese „abonnieren". Im Twitter-Jargon ist man dann ein „Follower". Wer so ein Abo einrichtet, bekommt die Nachrichten bestimmter Personen aufs Handy geschickt und ist so ständig „live" dabei. Der Betreiber dieses „social networks" sitzt in Amerika, hat sechs Millionen Nutzer, davon zehn Prozent etwa im deutschsprachigen Raum.

Auch das Twitter-Netzwerk arbeitet mit automatischen Voreinstellungen. So werden Kurznachrichten für alle sichtbar gepostet, es sei denn man ändert diese Einstellung in zu „protect my updates". In diesem Fall sind es dann nur Nachrichten an einen festen Freundeskreis, der entsprechend bestätigt werden muss.

## Plaudern übers Internet – Chats

Früher traf man sich zu einem Plausch und tauschte Neuigkeiten auch – heute hat dafür niemand mehr Zeit und deshalb chattet man eine Runde miteinander. Plaudern, quasseln, schwätzen oder ratschen – es gibt viele Synonyme für das Chat-Wort. Und gechattet wird online beinahe überall.

Chatten ist die direkte, geschriebene Kommunikation zweier oder mehrerer Menschen via Internet. Denn beim Chatten gibt man das, was man sagen möchte schriftlich über die Tastatur ein und macht das geschriebene durch einen Klick für die anderen Gesprächsteilnehmer sichtbar.

Wie im wirklichen Leben müssen sich die Gesprächspartner im Chat auf einen Treffpunkt einigen, solche Treffpunkte nennt man Chatrooms oder kurz Chats. Das Tolle daran ist, dass dieses Plaudern ganz unabhängig davon ist, wo sich der Gesprächspartner gerade befindet. Und weil diese Kommunikationsvariante so beliebt ist, gibt es im Internet unzählige solcher Chats. Damit man die Gespräche in eine Richtung lenken kann, wird zu unterschiedlichen Themen geplaudert: Über Musik, Rezepte, Krankheiten, Haustiere oder Liebe …

*Im Netz wird über alles geplaudert*

## Was braucht man im Chat?

Eine flotte Schreibe ist am wichtigsten. Allerdings ist das Eintippen dessen, was so schnell gesagt ist, recht mühsam. Das ist auch der Grund, warum in Chats so oft mit Abkürzungen und Spezialzeichen (wie Smileys, vgl. S. 39) gearbeitet wird. Wer also perfekt chatten will, der braucht einen eigenen „Sprachkurs" dafür. Eine entsprechende Website gibt es natürlich auch unter www.chatiquette.de, oder man schaut bei Kindersuchmaschinen wie Blinde Kuh nach, die so etwas für Kinder entwickelt haben. Übrigens: In einem Chatroom können sich mehrere Gesprächspartner melden; will man ein Zweiergespräch führen (man nennt das „flüstern"), richtet man dazu einen separaten Gesprächsraum ein (auch Séparée genannt). In der Menüleiste des Chatrooms findet man die entsprechenden Befehle.

In den Chatroom gibt es bestimmte, ungeschriebene Gesetze. Eines davon: Alle duzen sich. Die so genannte *Netiquette* sollte eingehalten werden.

Relativ viele (vor allem die guten) Chatroom haben Moderatoren (auch Operator genannt), die ein wachsames Augen auf die Dialoge haben. Sie greifen ins Gespräch ein, wenn die üblichen Umgangsformen verletzt werden. Sie können auch Einträge löschen, Chatpartner mahnen und solche, die die Regeln verletzen, ausschließen. Inhaltlich greifen die Moderatoren nur dann ein, wenn's wirklich heikel wird.

**Mit moderierten Chats auf der sicheren Seite**
Solche moderierten Chats werden nur zu bestimmten Zeiten angeboten. Schließlich kann der Moderator nicht 24 Stunden lang auf den Bildschirm starren. Übrigens sind gute Kinder-Chats auch immer moderiert.

Etwas Besonderes am Chat ist es auch, dass man dort nicht unbedingt unter seinem echten Namen unterwegs ist, sondern sich speziell für den Chat etwas ausdenkt. Das sind die so genannten *Nicknames* (also eigentlich Spitznamen). Diese Sitte rührt daher, dass es natürlich immer mehrere Chatteilnehmer gleichen Namens gibt und man sich ja unterscheiden muss. Ehe man sich also beispielsweise Silke345 nennt, ist doch „Dumbo" vielleicht netter. Womit wir bei den Risiken und Gefahren wären.

## Wenn Kinder chatten

… können sie durchaus gewissen Gefahren begegnen. In der wirklichen Welt interessieren sich Eltern natürlich dafür, wo ihre Kinder sind und mit wem sie sich treffen. Genauso interessiert sollten sie also auch am virtuellen Leben der Kinder teilhaben.

Das so genannte „Cyber-Grooming" ist die gezielte Kontaktaufnahme insbesondere zu Minderjährigen über das Internet. Die Täter sind zumeist meist ältere, fremde Männer mit sexuellen Phantasien. Sie geben sich in Chats oder Online-Communitys gegenüber Kindern oder Jugendlichen als gleichaltrig aus und erschleichen sich so das Vertrauen. Oft ist es das Ziel, sich auch in der „realen" Welt mit ihnen zu treffen und sie zu missbrauchen.

Die Teilnehmer eines Chats sind anonym, agieren unter Nicknames und so kann sich dort beispielsweise leicht ein Erwachsener einschleichen und sich als Jugendlicher ausgeben. Wer mit krimineller Energie unterwegs ist, dem fällt es oft leicht, sich bei jungen Leuten einzuschmeicheln und ihnen nähere Details wie Adresse oder Telefonnummer zu entlocken. Das Horror-Szenario ist für die Eltern natürlich ein geheimes Treffen mit solch einem Schwindler.

Aber auch innerhalb des Chats kann es bereits zu unschönen Erlebnissen kommen. Und es ist nachvollziehbar, dass sexuelle Belästigungen und verbale Übergriffe im Chatdialog Kinder nachhaltig verwirren und ängstigen. Lassen Sie sich also zeigen, wo das Kind chatten will, und achten Sie dabei auf die Moderatoren-Funktion. In vielen Kinder-Chats gibt es auch Alarm-Knöpfe, mit denen solche Vorfälle gemeldet werden können.

**Auch Betrüger tummeln sich in Chats**

- Niemals persönliche Daten wie Name, Telefonnummer oder Adresse weitergeben.
- Niemals sich überreden lassen, etwas zu tun, was man nicht will oder was ein komisches Gefühl zurücklässt.
- Den Nicknamen immer so neutral wählen, dass er keine Rückschlüsse auf das Alter, das Geschlecht oder den Wohnort zulässt.
- Wirkliche Verabredungen sollten immer nur nach Absprache (wenn überhaupt) mit den Eltern getroffen werden.
- Kommt den Kindern etwas merkwürdig oder unangenehm vor, sollten die Eltern immer der erste Ansprechpartner sein.
- Bei verdächtigen Aktivitäten: Nickname, Datum und Uhrzeit des Vorfalls notieren oder besser noch einen Screenshot machen – dann den Chatbetreiber oder die Polizei informieren.

Wer sich ein bisschen in den Chats umtut, der merkt schnell, dass es so ähnlich ist wie ein nettes Plaudern auf der Straße. Viel Spaß sollen Kinder so genannte 3-D-Chats machen, bei denen man sich einen Avatar zulegt, ein eigenes Haus in einer virtuellen Welt bezieht und sich in unterschiedlichen „Welten" mit anderen Chattern oder deren Avataren trifft. Das ist dann ein bisschen wie ein Computerspiel.

## Was ist „Instant Messaging"?

Es funktioniert so ähnlich wie ein Chat und macht Kommunikation in Echtzeit möglich. „Instant Messaging" bedeutet sinngemäß so viel wie „sofortige Nachrichtenübermittlung". Dazu

braucht man ein spezielles Programm, den Instant Messenger. Er zeigt dem Nutzer beispielsweise an, welche seiner Freunde ebenfalls zur gleichen Zeit im gleichen Service online sind. Diese Personen werden in einer Kontaktliste aufgeführt und markiert. Mit wem man sich schreiben möchte, den klickt man an. Dann öffnet sich ein Fenster, so dass man seine Nachricht schreiben kann. Beim Empfänger öffnet sich ebenfalls dieses „Fenster", so dass er die Nachricht lesen und darauf antworten kann.
Der Instant Messenger bietet aber noch weitere Funktionen wie Dateitransfer, Voice- und Videochats, Grußkarten oder kleine Online-Spiele, die mit anderen Nutzern gespielt werden können.

## Who is who? Und macht was?

Jugendliche benutzen überwiegend ICQ, das fand die JIM-Studie 2007 heraus. 88 Prozent entschieden sich für den Nachrichten-Service mit den drei Buchstaben, die in Lautschrift übertragen „I seek you" (= Ich suche dich) bedeuten.
Die grundsätzlichen Funktionen der Messenger sind im Prinzip alle ähnlich. In der Regel wird von Jugendlichen der Messenger genutzt, bei dem die meisten anderen Freunde angemeldet sind. Durch die sukzessive Zusammenführung der Netzwerke (zum Beispiel über ICQ und AOL) ist es aber auch möglich, netzübergreifend Nachrichten zu verschicken. Häufig verwendete Programme sind AIM (von AOL), MSN bzw. Windows Live Messenger (von Microsoft) und der Yahoo! Messenger, inzwischen haben auch gmx, web und google eigene Messenger im Programm.
Sie alle sind mittlerweile so genannte Multi-Protokoll-Clienten. Diese stellen kein eigenes Instant Messaging-Netzwerk zur Verfügung, sondern nur die Messenger-Programme. Der Vorteil ist, dass man mit dieser Software in mehreren Netzwerken gleichzeitig aktiv sein kann.

**In mehreren Netzwerken gleichzeitig unterwegs**

Im Unterschied zu herkömmlichen Webchats läuft das Instant Messaging nicht über einem Chatbetreibers im Internet. Vielmehr sind die Computer quasi direkt miteinander verbunden. Die Unterhaltungen spielen sich in der Regel nur zwischen zwei Personen ab, die sich wie bei einem Telefonat oder einer E-Mail gezielt adressieren.

**Vorteil und Nachteil: Begrenzter Zugang!**

Dies kann sowohl Vor- als auch Nachteile haben. Der klare Nachteil dieses Chats im kleinen Kreis ist, dass es keine Moderatoren oder Filter als Kontroll-Instanzen gibt. Sollten Kinder oder Jugendliche von Fremden angeschrieben werden, kann niemand eingreifen.

Der klare Vorteil am Instant Messaging ist, dass die Möglichkeit, von Fremden angeschrieben zu werden, sehr unwahrscheinlich ist, denn man muss sich ganz gezielt an eine bestimmte Benutzerkennung (den Benutzernamen oder die ICQ-Nummer) wenden.

Instant Messaging ist weniger darauf ausgelegt, neue Leute kennen zu lernen, sondern wird eher als billige und schnelle Alternative zu Telefon oder E-Mail genutzt, um sich mit bekannten Schulfreunden oder Verwandten auszutauschen. Vor diesem Hintergrund ist es positiv, dass die Freunde hier unter sich sein können und keine Fremden die Gespräche öffentlich wie in einem Web-Chat verfolgen können.

**Wer auf Nummer sicher gehen will,
sollte diese Tipps beachten:**

• Wählen Sie nur einen Messenger aus, der Sicherheitsein-
stellungen zulässt.
• Grundsätzlich Messenger so einstellen, dass neue Kon-
takte vorher akzeptiert werden müssen, bevor sie in die
Kontaktliste aufgenommen werden.
• Nur wirklich gute Freunde gehören auf die Kontakt-
liste. Bei manchen Messengern lässt sich das nämlich
nicht rückgängig machen.
• Öffentlich einsehbare Messenger-Profile sollten
möglichst sparsam und zurückhaltend ausgefüllt werden.
• Unliebsame Kontakte sollten gelöscht bzw. mit der
„Ignore-Funktion" gesperrt werden.
• Die Messenger-Software sollte immer auf dem aktuellen
Stand gehalten werden, da bekannt gewordene Sicher-
heitslücken vom Anbieter behoben werden.

## Soziale Netzwerke und die Folgen

„Cocooning" nennen Experten das Phänomen, das man vielleicht als Resultat zu intensiver Netzwerk-Präsenz bezeichnen
könnte. Dieser Rückzug in sich selbst, in seinen Kokon, tritt ein,
wenn man sein gesamtes soziales Leben in sozialen Netzwerken
auslebt.
Dass nämlich diese Netzwerke das Familienleben und die Persönlichkeit beeinflussen, steht außer Frage. Inwieweit dieser Einfluss Schaden anrichtet, weiß man allerdings noch nicht genau.

## Sechsmal Clever unterwegs

1. Wählen Sie gemeinsam mit dem Kind ein kindgerechtes soziales Netzwerk aus. Es sollte Alter und Reife des Kindes entsprechen. Überflüssig zu erwähnen, dass Facebook und Twitter erst einmal nicht dazu gehören.

2. Begleiten Sie Ihr Kind bei der Anmeldung in sozialen Netzwerken, legen Sie gemeinsam Benutzernamen und Kontakt-E-Mail fest. Wichtig ist, dass Ihre Zustimmung abgefragt wird.

3. Erklären Sie dem Kind, warum es so wichtig ist, in sozialen Netzwerken keine vertraulichen, persönlichen Daten weiterzugeben.

4. Überprüfen Sie die Sicherheitseinstellungen. Die von den Netzwerkbetreibern vorgegebenen reichen zumeist nicht aus.

5. Raten Sie ihrem Kind, wählerisch in Bezug auf die Online-Freunde zu sein. Auf keinen Fall sollte sich das Kind mit virtuellen Freunden verabreden. Bleiben Sie stets gesprächsbereit und offen, wenn sich das Kind mit einem Problem an Sie wendet.

6. Auch die Zeit der online-Kommunikation muss beschränkt werden. Treffen Sie dazu klare Vereinbarungen und schaffen Sie reizvolle Alternativen dazu.

Alle Verstöße – aus welcher Richtung auch immer – sollten Sie gleich melden!

# Clever Spielen

Kinder verbringen mehr Zeit mit Computerspielen als den Eltern recht ist. Und wenn
man ganz ehrlich ist, möchte man da lieber
nicht so genau hinschauen. Doch um die Faszination zu begreifen, sollte man sich darauf
einlassen, zuschauen oder mitspielen. Nur so
kann man ein Gespür dafür entwickeln, und
wenn es darum geht, klare Regeln aufzustellen, hat man die besseren Argumente. Denn:
Nur auf die Alterszulassung zu schauen (die
man natürlich beachten sollte) bringt wenig.

## Netter Zeitvertreib oder Teufelswerk?

Wenn Ihre Kinder einen Internetzugang haben, wollen sie auch spielen dürfen. Das Angebot dafür ist so unüberschaubar groß, dass man sich zwangsläufig auf bestimmte gängige Spiele konzentrieren muss, um nicht den Überblick zu verlieren. Deshalb beschäftigt sich dieses Kapitel in erste Linie mit online-Games, die schnell verfügbar und zumeist kostenlos sind.

**Altersfreigaben sagen nichts zur Qualität**

Wann immer sich Eltern über Games informieren wollen, sollte der erste Weg sie zu USK (Unterhaltungssoftware Selbstkontrolle) führen. Diese vergibt rechtsverbindliche Altersfreigaben für Computer und Videospiele. Diese Instanz entscheidet aber nicht über eventuelle inhaltliche Mängel oder die Qualität. Onlinespiele entziehen sich den Altersregelungen durch die USK, deshalb muss man andere Seiten im Netz nutzen (zum Beispiel fragFINN), um mehr darüber zu erfahren. An diesem Punkt wird wohl deutlich, warum das „Mitspielen" eigentlich die einzige Möglichkeit ist, sich einen objektiven Einblick in die Szene zu verschaffen.

Wirklich wichtig ist in diesem Zusammenhang eine zeitliche Begrenzung solcher Computer-Spielereien. Experten empfehlen:

### Spielzeit-Empfehlungen

Bis 7 Jahre: etwa 30 Minuten täglich
Bis 9 Jahre: etwa 45 Minuten täglich
Bis 11 Jahre: etwa 60 Minuten täglich
Bis 13 Jahre: etwa 80 Minuten täglich

Studien zeigen deutlich, dass Onlinespiele sehr beliebt sind: Rund 33 Prozent der 6–13-Jährigen spielen mindestens einmal pro Woche online. Bei den Jugendlichen (bis 19 Jahre) spielen 19 Prozent mehrmals pro Woche, wobei Jungen mit 33 Prozent häufiger spielen als Mädchen (rund 5 Prozent)

## Was sind „Onlinespiele"?

In erste Linie sind Online-Spiele solche, die man im oder über das Internet spielt. Das Tolle daran ist (aus Kindersicht), dass diese Spiele zumeist kostenlos sind – und was kostenlos ist, ist meist auch frei zugänglich, sprich, man muss nicht die Eltern fragen, wenn man spielen will. Bei der Vielzahl der Angebote im Internet ist es schwierig, die Spiele in irgendwelche Kategorien zu stecken. Zeitaufwand und Inhalte sind so breit gestreut, dass es schwerfällt, exemplarisch ein Spiel zu beschreiben, anhand dessen man die diversen Varianten vorstellen könnte. Die Vielfalt ist nun einfach zu groß – und es gibt kein Genre, das sich nicht auch online finden lässt.

**Unendliche Spiele-Vielfalt**

## Casual Games – Gelegenheitsspiele

Unter dem Begriff Casual Games werden kleine, eher einfache Spiele zusammengefasst, die noch dazu leicht zugänglich sind. Sie nehmen in der Regel nicht viel Zeit in Anspruch – und werden gern mal zwischendurch gespielt. Dass ein einzelnes Spiel nicht viel Zeit beansprucht, bedeutet nicht, dass man sie nicht auch stundenlang spielen kann. Denn hat es beim ersten Anlauf nicht so gut geklappt, versucht man es wieder und wieder, um ein besseres Ergebnis zu erzielen. Zu den Klassikern unter den Casual Games gehören Tetris, Mahjong, Solitaire oder Pacman. Sie sind fester Bestandteil verschiedener Spiel-Portale, die von unterschiedlichen (auch Kinder-)Seiten angeboten werden. Diese Spiele sind kurzweilig und verfolgen kein besonderes Ziel. Auf manchen Seiten gibt es dazu aber ein Ranking und man kann auf eine „Besten"-Liste eingetragen werden. Beim Solitaire beispielsweise liegt der Erfolg allein darin, dass das Kartenspiel aufgeht, bei anderen lässt sich eine Bestzeit erreichen oder man spielt gegen fiktive Gegner, die es zu besiegen gilt.

**Kurzweiliges in Spiel-Portalen**

Casual-Games sind bei Kindern so beliebt, weil sie intuitiv bedient werden und in der Regel schnell zu einem Ergebnis, im besten Fall zum Erfolgserlebnis, führen. Je nach Frustrations-

**Umgang mit Misserfolgen meiden oder lernen**

toleranz können manche Kinder mit wiederholten Misserfolgen nicht gut umgehen und suchen deshalb Spiele, die schnell zum Erfolg führen. Dafür sind solche „5-Minuten-Spiele" ideal. Spiele, die auf eine längere Spieldauer eingestellt sind, werden zumeist durch verschiedene Levels getrennt.

> Technische Voraussetzungen: Viele dieser Spiele brauchen Flash oder Java. Notwendige Zusatzprogramme werden über „PlugIns" installiert.

## Gib mir mehr! Die Spiele-Portale und ihre Angebote

Die gängigen Spiele-Portale im Internet haben mehrere tausend Spiele im Angebot. Wer da den Überblick bekommt, hat eigentlich schon gewonnen. Es gibt keine einheitlichen Genres, jeder Anbieter „sortiert" anders. Übliche Kategorien sind Action,

**Jeder Anbieter sortiert die Spiele anders**

Abenteuer, Arkade (Spiele wie sie an Automaten in Spielhallen gespielt werden, wie beispielsweise Air Hockey oder Flipper), Geschicklichkeit, Denkspiele, Jump'n Run, Klassiker, Puzzle, Shooter/Kampf, Sport- und Rennspiele.

Jungen spielen mehr und öfter am PC als Mädchen. Aus diesem Grund werden vielfach neue Kategorien aufgemacht, die sich speziell an die junge weibliche Zielgruppe wenden. Und, wer hätte es gedacht, in diesem Spielen geht es ums Schminken und Verkleiden.

Generell ist es aber so: Wer sich unter welchem Schlagwort verbirgt, muss man zumeist selbst herausfinden. Hier eine kleine Orientierungshilfe:

### Klassische Abenteuerspiele (Adventure-Games)

Sie zeichnen sich zumeist durch opulent-gestaltete Welten und stundenlangen Spielverlauf aus. Die klassischen Adventure-Games sind die 1000-Seiten Romane unter den Spielen: Es gibt keinen Zeitdruck, und der Spieler arbeitet sich von Rätsel zu Rätsel. Mal ist dabei Logik gefragt, dann Kombinationsgabe oder aber Wissen. Der Spieler wird in Verschwörungen und Abenteuer verwickelt – und so bis zum Ende in Spannung gehalten.
Für Kinder sind diese Spiele in der Regel nichts, weil sie zu wenig „action" bieten und die Inhalte doch eher anspruchsvoll sind.

### Action Adventure-Spiele

Diese bieten dann schon eher etwas für jugendliche Spieler. Auch hier gilt es in einer fantastischen Welt verschiedene Aufgaben zu lösen; der Spieler ist sozusagen mittendrin im Geschehen. Figuren müssen mit Geschicklichkeit und Köpfchen durch Labyrinthe geführt oder aus Verliesen befreit werden. Es wird auch gekämpft und geschossen, wenn es nicht gerade gilt, uralte Rätsel zu lösen. Die Altersfreigaben orientieren sich am „kämpferischen" Spielanteil.

### Arcaden-Spiele

Sie sind Abbilder der klassischen Spielhallen-Spiele. Da geht es um Highscore und Punktzahlen, Zeitlimits und Geschicklichkeit. Die USK charakterisiert diese Spiel so: Leicht zu erlernen, schwer zu beherrschen – darin liegt die Herausforderung.

### Denkspiele

Sie kommen ohne Zeitdruck aus und beanspruchen eher die grauen Zellen. Geschicklichkeit beim Lösen bestimmter Aufgaben kann nicht schaden, Kombinationsgabe ist hingegen absolutes Muss. Von der Aufmachung sind solche Spiele eher unspektakulär.

### Jump'n'Run-Spiele

Der Name ist Programm. Der Spieler muss seine Figuren rennend, springend, hüpfend durch einen Parcours lancieren, Ebenen überwinden und Hindernisse meistern. Hier sind Geschicklichkeit und Reaktionsvermögen gefragt. Manche dieser Spiele haben auch kämpferische Elemente, die aber in der Regel nicht zu brachial dargestellt werden.

### Klassische Gesellschaftsspiele

Sie sind für alle Altersklassen völlig unbedenklich, da es sich in der Regel nur um digitalisierte Formen von Brett- oder Kartenspielen handelt. So etwas kann man auch gut gemeinsam spielen.

### Kreative Kinderspiele

Auch diese setzen verschiedene, bunte Aufgaben, die man auch aus Beschäftigungsheften kennt, in digitale Form um. Man kann Figuren ausmalen und in fiktive Welten setzen, alles ist spielerisch und fördert die Kreativität.

### Management-Spiele

Vom Ponyhof über die kleine Farm bis hin zum Wirtschaftsunternehmen – die Spieler sind der Boss und müssen in dieser Funktion unterschiedliche Aufgaben lösen und Entscheidungen treffen. Es geht um Konkurrenz, Kalkulation, Technik und Personal. Viele Spiele sind für Kinder schlicht langweilig (es sei denn, es geht um Tiere), aber dafür unbedenklich.

### Rollenspiele

Immer im Fokus: Der Spieler ist der Retter, auf den alle gewartet haben. Der Spielablauf hat zumeist ganz feste Regeln und Szenarien. Beliebt ist das Mittelalter, und diese Welt wird irgendwie bedroht. Der Held kann sich im Laufe des Spiels entwickeln, ist dann Ritter oder Magier. Ihm zur Seite oder entgegen stehen Figuren (non-playable-Characters), die bei der Lösung von Auf-

gaben (Quests) entweder helfen oder stören. Mit diesen Rand-
figuren hat sich der Spieler – auch in Dialogen – immer wieder
auseinanderzusetzen. Das Spiel endet häufig in Kampfszenen
unterschiedlicher Ausprägung, weshalb auf Altersfreigaben zu
achten ist.

## Baller-Spiele

Sie werden im Fachjargon „Shooter" genannt. Dabei ist das
Spiel ein einziger Wettlauf und Kampf, bei der der Spieler sich
durch verschiedene Gelände stets von Feinden verfolgt, bedroht
oder überrascht sieht. Ziel ist das Ausschalten der Gegner – dafür gibt es in der Regel keine Altersfreigaben. Für Jugendliche
ungeeignet.

## Simulationsspiele

Der Spieler begibt sich in eine fremde Umgebung, meist techni-
sches Neuland, und muss per Mausklick Dinge tun oder steuern,
die im normalen Leben unmöglich wären. Die Klassiker in diesem Bereich sind Flugsimulatoren. Bei diesen Spielen geht es darum, komplexe Zusammenhänge zu erfassen und Aufgaben zu
lösen.

## Lifestyle-Spiele

Sie beschäftigen sich mit den schönen Seiten des Lebens und bieten lockere Unterhaltung, aber keine Herausforderung. Sie be-
handeln Alltagsthemen und – probleme, drehen sich um Fitness,
Mode und Make up.

## Sport-Spiele

Die verschiedensten Sportarten werden digital als Spiele angeboten. Für sportbegeisterte Spieler immer wieder nett, weil es Bli-
cke hinter die Kulissen der wahren Sportikonen gibt, Regeln
vermittelt und Geschicklichkeit verlangt. Wie im wahren Leben
sind diese Spiele auch immer etwas für Team-Player.

### Strategie-Spiele

Der Spieler muss sich durch strategisches Denken in diversen Aufgaben bewähren, verschiedene Ressourcen ins Spiel bringen. Am Ende geht er als Sieger vom Platz – mit ein bisschen taktischem Geschick –, oder muss eine Niederlage einstecken. Die Strategie-Spiele haben meist das gleiche Grundmuster: Aufbauen (Besiedeln, Forschen, Anlegen einer Infrastruktur), Handeln, Erobern und Verteidigen. Der Spieler schlüpft in eine Rolle, in der er gegen andere antritt oder sich mit ihnen verbündet und verschiedene Abenteuer erlebt.

## Spiel-Plattformen bieten vielfältigen Spaß

**Problematisch: Kriegsspiele**

Kostenlose Onlinespiele bzw. Casual Games haben Magnetwirkung. Unter Kindern beliebt ist *Spielaffe* oder *Spielkarussell*, beide finanzieren sich durch Werbung, die zumeist vor Spielbeginn eingeblendet wird. Die Portale sind zwar gut, aber teils problematisch, weil beispielsweise beim Spielkarussell auch Kriegsspiele angeboten werden. *Jetztspielen* hat sowohl kostenlose als auch kostenpflichte Spiele im Angebot. Ähnlich ist es bei *Miniclip* und *Microspielen*. Damit Sie wissen, wovon in diesem Kapitel die Rede ist, lohnt es sich, die Seiten zu besuchen und ein Spielchen zu machen.

## Single? Duo? Multi-Player?

Onlinespiele können allein gespielt werden, aber sie gewinnen eine neue Dimension, wenn man gegen einen (unbekannten) Gegner spielt. Eine Partie Minigolf mit einem Unbekannten? Oder gar mit 20 Spielern gemeinsam einen Planeten erobern? Online ist alles möglich.

## Singleplayer-Spiele

Die meisten Casual Games werden allein oder gegen den Computer gespielt. Und das können Sie kostenlos und überall tun.

## Multiplayer-Spiele

Doch gemeinsam macht es oft mehr Spaß. Wenn mindestens zwei Spieler an einer Sache beteiligt sind, spricht man vom „Mehrspielermodus" oder vom „Mehrpersonenspiel". Man kann dabei gemeinsam oder gegeneinander spielen. Ein gutes Beispiel ist das Autorennen – das macht mit einem Gegenspieler einfach viel mehr Spaß, als wenn man allein gegen die Uhr seine Runden dreht.

Eine Variation des Multiplayer ist der Massive-Multiplayer- (Massen-Mehrspieler). Um dieses System jedoch zu verstehen, muss ein neuer Begriff eingeführt werden – die Browserspiele.

## Browsergames

Mit den so genannten Browsergames eröffnet sich eine neue Spielwelt. Zwar handelt es sich dabei auch um Online-Spiele, diese werden aber über den normalen Browser, also beispielsweise Internet Explorer (Firefox oder Safari) gespielt. Dazu bedarf es keiner zusätzlichen Software und es kann also von allen internetfähigen Rechnern aus gespielt werden. Technisch gesehen bewegen sich Browsergames auf einem relativ einfachen Niveau. Zwar trifft diese Definition auch auf gewöhnliche Online Spiele (wie oben beschrieben) zu – unter Kennern jedoch werden als Browser-Spiele komplexe Spielwelten beschrieben, die eine Anmeldung erfordern.

Der scheinbare „Vorteil" liegt darin, dass man die Spiele jederzeit unterbrechen kann. Der Spielstand wird dann gespeichert. Und eben für diesen „Luxus" ist eine Registrierung notwendig. Um mitzuspielen, muss man sich nur auf der Internetseite des

**Registrierung ohne Werbung kostet**

Anbieters registrieren. Danach bekommt man einen Account mit eigenem Namen und Passwort zugeteilt. Da die Spiele sich durch Werbung finanzieren, kann man kostenlos teilnehmen. Möchte man die Werbung „abschalten" wird ein Monatsbeitrag fällig. „Die Stämme" beispielsweise kosten 2,90 € pro Monat.

Aber was bekommt man dafür? Die ganze Vielfalt unterschiedlicher Genres und Themen, die man auch online, aber vor allem als Kauf-Computerspiele findet, gibt es auch als Browser-Spiel. Das Besondere daran sind jedoch die Strategie-Spiele. Sie sind so angelegt, dass dabei eine große Spielerzahl gleichzeitig am Spiel teilnehmen kann. Die strategischen Spielen haben zumeist ein festes Grundmuster (vgl. oben). Wie beliebt sie sind, belegen die Spielerzahlen. Manche dieser Browserspiele werden weltweit in unterschiedlichen Sprachen von Hunderttausenden gleichzeitig gespielt.

Inhaltlich sind Browserspiele durchweg auf Wettbewerb ausgerichtet, es gibt unterschiedliche Rahmenhandlungen – die Konkurrenz wird durch kriegerische Handlungen dargestellt. Zumeist ist es die Aufgabe, ein eigenes Dorf, einen Planeten oder eine Firma aufzubauen, zu verbessern und den persönlichen Einfluss zu vergrößern. Um das zu erreichen, werden die Dörfer, Planeten oder Firmen anderer Spielteilnehmer angegriffen und unter Umständen vereinnahmt. Ein richtiges Ende finden diese Spiele nie.

**Browserspiele sind nie zu Ende!**

### Beispiele beliebter Browserspiele sind:

### Die Stämme

„Die Stämme" macht den Spieler zum Herrscher eines kleinen, mittelalterlichen Dorfes, dem er zu Ruhm und Macht verhelfen soll. Das Onlinestrategiespiel bietet 575.000 Spielern in 30 Spielwelten eine virtuelle Heimat. Durchschnittlich spielen rund 25.000 Spieler in jeder dieser Welten mit- und gegeneinander.

## The crown

„The crown" existiert seit 2001 und ist somit eines der dienstältesten Browsergames. Eine lange Zeit, in der Spieler der ersten Stunde an zahlreichen Veränderungen, sowohl im Regelwerk als auch grafisch, mitgewirkt haben. So wurde aus *The crown* ein hartes Browsergame in mittelalterlichem Setting. Im Gegensatz zu anderen Spielen dieser Sorte darf man den Gegner nämlich auch vollständig besiegen, indem man ihm sein letztes Territorium entreißt und ihn danach entmachtet. Also nichts für friedliebende Zeigenossen, die Tage und Wochen in den Aufbau ihrer Städte stecken wollen, denn die rund 30.000 Mit-Spieler tun nichts anderes, als Kriege anzuzetteln.

## O-Game

O-Game ist ein Weltraum-Strategiespiel und mit über 2 Millionen Spieleraccounts laut Angaben des Betreibers das größte Online-Browsergame Europas. In 74 Universen (= Spielwelten) erobern zig-tausende Spieler den Weltraum und treten gegeneinander an. Jeder Spieler bekommt zu Beginn einen öden Planeten und soll diesen zu einem strahlenden Imperium entwickeln. Dafür muss der Spieler die Zivilisation voranbringen, eine Raumflotte aufbauen und benachbarte Planeten erobern. Ohne Bündnisse geraten auch in diesem Spiel neue Spieler schnell zwischen die Fronten von bestehenden Imperien. Im Gegensatz zu *The crown* kann dem Spieler hier zwar letztendlich nicht sein komplettes Gebiet genommen werden, jedoch gleicht ein Zurückgeworfenwerden auf den Ursprungsplaneten einer kompletten Niederlage.

## Seafight

*Seafight* ist ein grafisch beeindruckendes Browsergame, das zeigt, welche Grafik heutzutage dank Flash-Technologie in einem Browserfenster möglich ist.
In diesem Spiel übernimmt man die Steuerung eines Schiffs und geht mit diesem auf die Jagd nach Schätzen und Piraten. Dabei

steht nicht wie in einem klassischen Browsergame der Aufbau
einer Basis im Vordergrund, sondern die Seeschlacht und das
Navigieren des Schiffes. Gerade durch diesen Ansatz ist Seafight
bei Jugendlichen sehr beliebt, etwa 1,3 Millionen Spieler sind
auf unterschiedliche Server verteilt aktiv.

### Wurzelimperium

Das „Wurzelimperium" ist eine Wirtschaftssimulation, die sich
im Kleingärtner-Milieu abspielt. Über 250.000 Spieler in 22
Welten schlüpfen in die Rolle eines Gartenzwergs und basteln
sich ihr eigenes Gartenparadies. Sie säen, pflanzen, gießen und
ernten. Sie handeln, kaufen neue Pflanzen und bemühen sich um
gute Nachbarschaft, damit ihnen niemand einen „Maulwurf"
ins Beet setzt.

### Wie finanzieren sich Browsergames?

Browserspiele finanzieren sich durch Werbung. Aber etli-
che Anbieter bieten gegen Geld einen Premium-Zugang.
Wer 4–10 Euro im Monat investiert, erhält eine komfor-
tablere Menüführung, eine bessere Ausstattung, oder
Werbefreiheit. Manche Games locken mit zeitlich be-
grenztem Probespielen oder der kostenlosen Teilnahme
bis zu einem bestimmten Level.
Problematisch wird es, wenn Kinder ein Spiel beginnen,
ohne zu wissen, dass nicht alles kostenlos ist. Eltern sollten daher genau prüfen, welches Browserspiel für ihr
Kind geeignet ist.

## MMOGs und MMORPGs

Nehmen Tausende Gamer gleichzeitig am Spielgeschehen teil, nennt man das „Massen-Mehrspieler-Onlinespielen", kurz MMOGs (= Massively Multiplayer Online Game). MMOGs gibt es in Form von Browsergames auch als kostenlose Varianten (vgl. zuvor genannte Beispiele wie O Game).

Unter den MMOGs gibt es einige Games, die sich durch zusätzliche Rollenspielkomponenten auszeichnen. Rollenspiel heißt auf Englisch *Role-Play*, weshalb die entsprechenden Spiele auch als „MMORPGs" bezeichnet werden, also *Massively Multiplayer Online Role-Playing Game* oder auf Deutsch Massen-Mehrspieler-Online-Rollenspiel. Der wohl erfolgreichste Vertreter dieses Genres ist *World of Warcraft*.

**Faszination Massenspiel**

Für die Teilnahme an „World of Warcraft" benötigt der Spieler – anders als bei den anderen Browserspielen – eine Software (einen so genannten „Client") auf dem Computer. Vor Spielbeginn muss ein bis zu mehrere 100 MB großes Client-Paket installiert werden. Die Daten zur Darstellung der Spielwelt (also Grafik und Musik) befinden sich dann auf dem eigenen Rechner, während die Spielmechanik auf dem Server im Internet verwaltet und verarbeitet wird. Bei diesen Kaufspielen, die man auch „Client-Games" nennt, unterscheidet man verschiedene Modelle: Der Spieler bezahlt nur die einmaligen Anschaffungskosten. Das Onlinerollenspiel „Guild Wars" (Altersfreigabe ab 12 J.) ist ein bekanntes Beispiel für dieses Modell. Nach dem Kauf der Software entstehen keine weiteren Abo-Kosten. Das Spielen im Netz ist kostenlos.

Andere Spiele, wie „World of Warcraft" (Altersfreigabe ab 12 J.), verlangen einen einmaligen Betrag für die Basissoftware (ca. 30 Euro) plus eine monatliche Abo-Gebühr (ca. 13 Euro).

## Wissen, was gespielt wird:
## Zum Beispiel *World of Warcraft*

*World of Warcraft* spielt in der Fantasy-Welt „Azeroth", die in die zwei Kontinente „Kalimdor" und „Östliche Königreiche" unterteilt ist. Zum Spiel gibt es verschiedene Erweiterungen, die die Anzahl der Levels erhöhen und mit denen zusätzlich Spielwelten eröffnet werden: die „Scherbenwelt" und „Nordend" beispielsweise. Auf den einzelnen Kontinenten findet sich eine Vielzahl von verschiedenen Städten und Dörfern. Zudem gibt es Wüsten, Wälder und Dschungel – und von Rest der Welt abgespaltene Regionen mit Höhlen und Gemäuern.

**„World of Warcraft" ist ein eigener Planet**

Die Spielwelten sind mit dreidimensionalen Grafiken dargestellt. Der Spieler sieht sie üblicherweise aus der Perspektive des Verfolger des von ihm gewählten Spielercharakters. Mit ihm kann er sich frei durch die „Welt" bewegen.

Neben der Fortbewegung zu Fuß kann der Charakter auch per Flugtier, Zeppelin, Schiff oder mit einer unterirdischen Bahn unterwegs sein. Der Charakter des Spielers begegnet innerhalb der Spielwelt anderen Spieler- und Nicht-Spieler-Charakteren. Mit ihnen kann er kämpfen, reden oder Handel treiben.

Um die Welt von *World of Warcraft* kennenzulernen, kann der Spieler eine Vielzahl von Quests (also Aufgaben oder Missionen) annehmen, die ihm Erfahrungspunkte und Belohnungen in Form von virtuellem Geld (hier *Gold* genannt), Ausrüstungsgegenständen oder so genannten Items einbringen.

Im gesamten Spiel warten mehr als 9000 dieser Quests. Auch bekommt man *Erfahrungspunkte* für den erfolgreichen Kampf gegen computergesteuerte Charaktere und Monster. Hat man genügend Erfahrungspunkte gesammelt, kann man in den nächsten Level aufsteigen und erhält dafür *Talente*, die einen weiterbringen sollen. Erwünscht ist, dass sich Spieler zusammentun, um gewisse Aufgaben gemeinsam zu lösen. Das alles ist zeitaufwändig, denn es gibt allein in der Grundversion 60 Stufen.

## Die Faszination dieser Spiele

Manche Eltern sind besorgt, wenn ihre Kinder wie gebannt auf den Bildschirm starren und die Welt um sie herum kaum mehr wahrnehmen. Für den außen stehenden Betrachter ist es schwer nachzuvollziehen, was den Reiz ausmacht, über mehrere Stunden vor dem Gerät zu sitzen, Rätsel zu lösen, Monster oder Gangster zu eliminieren oder warum es wichtig ist, zu einem bestimmten Zeitpunkt am Computer oder an einer Spielkonsole zu sitzen, um mit unsichtbaren Anderen eine Mission zu erfüllen.

Die Faszination der Spiele kann nicht begreifen, wer den Medienangeboten kritisch oder ablehnend gegenübersteht. Es gibt einfach nur einen Weg, und der hat mit Toleranz und vorurteilsfreier Position zu tun.

### *Machart und Ästhetik*

Insbesondere die neuen Spiele sind sehr anspruchsvoll gemacht. Die Trailer dazu sind aufwändig produziert und haben beinahe Spielfilmqualität. Sie lassen fast automatisch den Wunsch entstehen, mitzumachen. Manchmal (oder ziemlich oft) hält das Spiel aber nicht, was der Trailer verspricht. In den Anfängen der Video- und Computerspiele-Entwicklung reichten zwei Balken, die man bewegen konnte, um ein Tennis-Match zu simulieren. Heute ist eine realitätsnahe Grafik Pflicht.

**Trailer haben oft Spielfilmqualität**

Ein breites Spiel-Spektrum aus unterschiedlichen verschiedenen Genres (z.B. Jump & Run, Simulation, Strategie, Adventure etc.) und verschiedenen Interessen (Sport, Tiere, Mode, Abenteuer etc.) bieten für jeden etwas.

### *Schneller Erfolg und Selbstbestätigung*

Computerspiele ermöglichen es heute, sich ohne Risiko in virtuellen Welten zu bewegen, Abenteuer zu erleben, Aufgaben oder so genannte „Quests" zu lösen oder sich in Kämpfen zu erpro-

ben. Alles, ohne dass der Spieler ernsthafte negative Konsequenzen zu befürchten hätte. Im Gegenteil, die Spiele bieten in der
Regel schnelle Erfolge, das Frustrationsrisiko ist gering und lässt
sich durch unterschiedliche Schwierigkeitsgrade gut kalkulieren.
Mit ihnen sind zudem Entwicklungsmöglichkeiten verbunden,
die dem Spieler durch entsprechendes Training eine Weiterent-
wicklung seiner Figur ermöglichen. So hat quasi jeder die Möglichkeit, in der Spielerhierarchie aufzusteigen und dem Spielziel
näher zu kommen.

**Schnelle Erfolge, wenig Frustration**

Anders als beim Lesen oder Filmanschauen verleiht das interak-
tive Handeln ein seltenes Gefühl von Macht und Erfolg. Viele
Jugendliche beschäftigen sich deshalb so intensiv mit Video- und
Computerspielen.

### Unendliches Spielerlebnis

„Dass es nie aufhört" ist ein zusätzliches Argument. Die Möglichkeiten scheinen nahezu unbegrenzt. Während die Spielhand-
lungen früher einem linearen Spielverlauf folgten, sind Struktur
und Handlung neuerer Spiele deutlich komplexer und werden,
wie beispielsweise bei Onlinespielen, maßgeblich durch die
Beteiligung der verschiedenen Spieler (mit)bestimmt. Zusätzlich
bieten Updates, Add-ons oder Patches – das sind zusätzliche
Spielerweiterungen, die man sich aus dem Internet herunterladen kann, den Eindruck eines unendlichen Spielerlebnisses.

**Ein unendliches Spielerlebnis**

### Kommunikation mit anderen Spielern

Solche Multi-Player-Spiele zu spielen bringt auch ganz neue
Kommunikationsebenen ins Spiel. Über den Chat innerhalb eines Spiels oder über Teamspeak (der Kommunikation über ein
Headset) wird das Spielen zu einem kommunikativen Gemein-
schaftserlebnis, mit Freunden oder mit unbekannten Gleichge-
sinnten aus aller Welt.
In vielen Spielen ist es sogar gewünscht, dass sich Clans oder Al-
lianzen bilden, um gemeinsame Aufgaben zu bewältigen. Aus

diesen virtuellen Kontakten können sich Freundschaften entwickeln, die auch über das Spiel hinaus bestehen bleiben.
Um die Faszination von Video- und Computerspielen genauer
verstehen zu können, sollten Eltern ihre Kinder und Jugendlichen fragen, was ihnen an den Spielen besonders gut gefällt und
ob sie ihnen auch zeigen, worum es in den Spielen geht. Die
Sachkompetenz der jugendlichen User anzuerkennen bringt ein
neues Vertrauensverhältnis mit sich und bietet die beste Basis für
gegenseitiges Verständnis.

*Spielen als Gemein-
schaftserlebnis*

## Spielen ohne Ende?

Bei Onlinespielen mit Mehrspielerprinzip kommt der eigentliche
Spielspaß durch die Interaktion mit Gegnern oder Freunden auf.
Das wirkt wie eine Dauermotivierung. Beim Eintauchen in eine
Parallelwelt, in der die Mitspieler aufeinander zählen und durch
gemeinsame Bündnisse im Spiel vorankommen, fällt es immer
schwerer, sich auszuklinken. Je tiefer man ins Spiel einsteigt,
desto häufiger haben Jugendliche das Gefühl, ihre online-
Freunde im Stich zu lassen, wenn sie aus dem Spiel gehen. Zu
Beginn kann man nämlich noch in kurzer Zeit viel erreichen,
später braucht man mehr Zeit, um überhaupt voranzukommen.
Ein Suchtpotenzial wird insbesondere den kostenpflichtigen Rol-
lenspielen wie *World of Warcraft* nachgesagt. Die virtuellen Welten drehen sich weiter, egal, ob man online ist oder nicht. Das
nennt man „persistente" Spielwelten – und die setzen den Spieler
unter Druck. Das Spiel ist endlos. Geschehen in Abwesenheit eines
Spielers wichtige Spielzüge, kann man nicht reagieren. Dadurch
entsteht das Bedürfnis, so lange es geht online dabei zu sein.
Diese Bindung kann bei Kindern und Jugendlichen problematisch
werden, da sie noch über zu wenig Selbstdisziplin verfügen.
Die Mehrzahl der Spiele arbeitet jedoch nach einem anderen
System: Man spielt „rundenbasiert". Das bedeutet, dass ein ge-

*Parallelwelt und
Suchtpotential*

wisses Zeitintervall festgelegt wird, innerhalb dessen eine Runde zu absolvieren ist. So müssen einzelne Spielsitzungen nicht endlos andauern, wenn beispielsweise nur ein Spielzug am Tag oder in der Woche gefordert ist.

## Zeitmanagement!

Vereinbaren Sie mit Ihrem Kind ein Zeitkontingent. Gerade bei Spielwelten, die rund um die Uhr laufen, ist es wichtig, von vornherein klare Grenzen zu setzen.

Für ältere Kinder bietet sich ein frei einteilbares Wochenbudget an. Gute Spiele brauchen immer auch Zeit für die Einarbeitung, damit sich Erfolgserlebnisse einstellen. Gewähren Sie diese Zeit. Sprechen Sie bei der Teilnahme Ihres Kindes an MMOGs über die Möglichkeiten von Mehrspieler-Accounts (d.h. mehrere Spieler steuern einen Charakter) und von Urlaubsvertretung („Sitting" des Spielkontos) durch andere Spieler, um einen Spielzwang gar nicht erst entstehen lassen.

## Altersfreigaben und -kontrollen

Für Onlinespiele hat der Jugendmedienschutz noch keinen Zugang gefunden. Kinder und Jugendliche spielen deshalb oft auch für sie ungeeignete Spiele. Warum? Da es sich bei den Online-Casual Games und bei den kostenlosen Browsergames nicht um im Handel erhältliche Spiele handelt, gibt es keine Prüfung für eine Altersfreigabe. Das System der Altersfreigabe durch die USK (Unterhaltungssoftware Selbstkontrolle) greift hier nicht. Den Spielen fehlen gesetzliche Kennzeichnungen. Zwar bieten viele Portale eine Freigabemaske an, aber das Häkchen bei „das 18. Lebensjahr vollendet" ist schnell gesetzt und wird nicht überprüft.

**Onlinespiele sind ohne gesetzliche Kennzeichnungen**

## Andere Risiken und Nebenwirkungen

Wichtig ist es, dass Eltern anerkennen, dass sie ihre Kinder langfristig nicht von Online-Spielen fernhalten können, dafür sind
sie einfach zu präsent. So reizvoll es auch ist, die üblichen Risiken und Nebenwirkungen treffen auch auf Games zu. Im Multi-
Player-Modus kann man nicht nur Freunde finden, sondern
auch durchaus zwielichtigen Persönlichkeiten begegnen. Schaffen Sie deshalb eine Vertrauensbasis, so dass Sie Ansprechpartner für eventuelle Übergriffe bleiben.

Lästiges Übel sind die Werbeeinblendungen der Portale, dabei
geht schon auch manch nicht jugendfreies Bild über den Moni-
tor. Besonders krasse Verstöße können dem Deutschen Werberat
gemeldet werden. Näher Infos findet man auf der Website von
klicksafe.de.

In manchen Spielen steckt zudem ein hohes Gewaltpotential.
Die Vielzahl der Waffen, die bei Spielen eingesetzt werden, darf
man sich eigentlich gar nicht erst vor Augen führen. Schusswaf-
fen, Schwerter oder Fäuste dienen gern dazu, den „Gegner" aus-
zuschalten. Geschmackssache sind Kriegsspiele, in denen beispielsweise Panzer abzuschießen sind. Nun gibt es Studien, die
zu beweisen scheinen, dass solche Spiele Aggressionen fördern,
wieder andere treffen eine gegensätzliche Aussage, dass sich
eben dadurch Aggressionen abbauen lassen. Vor diesem Hintergrund ist es nur nochmal wichtiger, dass Eltern sich dafür interessieren, was ihre Kinder spielen – und mit ihnen darüber reden.

**Reden Sie über das Gewaltpotential!**

## Und was macht nun die USK?

Die Sichter der USK (= Unterhaltungssoftware Selbstkontrolle)
spielen im Auftrag des Jugendschutzgesetzes. In Deutschland
gibt es die weltweit verbindlichsten gesetzlichen Regeln für die
Prüfung und beim Verkauf von Computerspielen. Die Alters-

kennzeichnung von Games ist nach dem Jugendschutzgesetz (JuSchG) eine Aufgabe der Jugendministerien der Länder. Die USK stellt den Game-Betreibern und Entwicklern diese Testeinrichtung zur Prüfung zur Verfügung. Die Branche bezahlt dafür, übernimmt aber nicht die Verantwortung.

Bei der USK ist zusätzlich ein Verfahren für die Kennzeichnung von Online-Spielen ohne staatliche Beteiligung nach dem Jugendmedienschutz-Staatsvertrag (JMStV) geplant.

Oberster Grundsatz aller Prüfverfahren ist: Bei der USK werden alle Spiele durchgespielt. Dieses Verfahren ist weltweit einmalig. Im Prüfgremium hat jederzeit jedes Gremienmitglied die Möglichkeit, selbst in ein Spiel einzusteigen, um sich einen persönlichen Eindruck zu machen. Bei 3.000 Titeln pro Jahr verlässt man sich aber darüber hinaus auf die Vorarbeit der Sichter und deren Präsentation.

**Die USK-Website listet Bewertungen auf**

Am Ende müssen die Bewerter das Spiel in eine der fünf Altersgruppen des Jugendschutzgesetzes (JuSchG) einstufen und die Entscheidung in einem Gutachten begründen. Wenn vermutet wird, dass ein Spiel die Indizierungskriterien der BPjM (Bundesprüfstelle für jugendgefährdende Medien) erfüllt, wird das Alterskennzeichen verweigert.

Auf der Website der USK gibt es eine Suchmaschine, in die man Titel eingeben und danach die Bewertung abrufen kann.

## Mitspielen schafft Vertrauen!

**Games zu funktionalisieren (Lohn oder Strafe) ist nicht zu empfehlen**

Gemeinsam statt einsam – so könnte das Fazit lauten. Ganz gleich, was Ihre Kinder spielen, nehmen Sie sich die Zeit und spielen Sie mit! Nur wenn Sie Verständnis für die Faszination zeigen, werden Ihre Bedenken und Regeln auch anerkannt. So schulen Sie nicht nur die Medienkompetenz Ihres Kindes, sondern auch die eigene!

## Sechsmal clever spielen

1. Klare Regeln erleichtern den Alltag. Für elektronische Spiele sollte man klare Zeitregelungen finden, die man je nach Spielart flexibel handhaben kann.

2. Es ist natürlich wichtig zu wissen, was und wie oft das Kind spielt. Schauen Sie sich das genau an und vergleichen Sie u.U. im Vorfeld mit den Empfehlungen von beispielsweise fragFINN.de.

3. Beobachten Sie Ihr Kind beim Spielen. Achten Sie auch auf Verhaltensveränderungen – und bleiben Sie stets Ansprechpartner.

4. Über kindgerechte Spiele können Sie sich über www.spielbar.de informieren.

5. Computer und Spielkonsolen müssen „kindersicher" sein, d.h. mit Filtersoftware und Sicherheitseinstellungen.

6. Sorgen Sie für kindgerechten Ausgleich! Kein Spiel ist so spannend wie das wahre Leben, deshalb sind die Eltern gefordert, entsprechende Anreize zu geben.

# Reality Show – das Fernsehen

Ein Fernsehgerät hat heute wirklich jeder – und ebenso selbstverständlich wird es genutzt. Doch das Internet erscheint vielen Kids spannender. Zwar ist der Fernsehkonsum im Schnitt noch immer leicht höher als die Computernutzung, doch die Werte nähern sich sukzessive an. Das mag vielleicht auch daran liegen, dass 30 Prozent der Kinder das eigens für sie gemachte Kinderprogramm als langweilig empfinden. Der Fernseher wird zum Lückenfüller, den mehr als ein Drittel der Kinder nur nutzt, wenn sich keine andere Beschäftigung bietet.

Der gemütliche Fernsehabend, bei dem die ganze Familie vor dem Bildschirm sitzt und EIN Programm anschaut, ist ohnehin mehr die Ausnahme denn die Regel. Es ist auch heute zunehmend eine Frage des WAS und weniger eine Frage des WIEVIEL, wenn man über Fernsehkonsum spricht.

## Ein Programm für ALLE? Das war gestern

Es gibt ja heute kaum noch Programme, die die ganze Familie vor einem Fernsehgerät fesseln. In Steven Spielbergs Film „Zurück in die Zukunft II" gab es (fiktiv im Jahr 2015) riesige Bildschirme, auf denen sechs Programm parallel abliefen. Zwar schaffen wir das – rein technisch gesehen – heute noch nicht, aber dafür hat ja jedes Familienmitglied seinen eigenen Bildschirm. Fernsehen als Familienereignis, das schafft man heute nur noch mit der Fußball- Welt-(bzw. Europa-)Meisterschaft oder mit dem Eurovision Song Contest. Quotenbringer für die junge Generation sind „Germany's Next Topmodel", „Deutschland sucht den Superstar" und ähnliche Castingshow-Formate.

**Das Fernsehen verliert an Einfluss**
Eine Tatsache ist, dass Fernsehen heute das gesellschaftliche Interesse nicht mehr so selbstverständlich lenken und beeinflussen kann wie es früher einmal war. Noch bis vor wenigen Jahren war Fernsehen das Leitmedium der jungen Generation. Jetzt läuft das Internet dem Fernsehen den Rang ab. Und wenn nicht, so ergänzt dieses die TV-Angebote doch mehr oder minder sinnvoll. Unter den Kids ist relevant, wer bei „Germanys Next Topmodell" in die nächste Runde kommt – darüber spricht man heute auf dem Pausenhof. „Wetten, dass…"-Themen wie früher einmal als heißes Gesprächsthema – Fehlanzeige.

## Das Fernsehen von morgen

Manche munkeln, die Fernseh-Ära neige sich dem Ende zu, spätestens seit Thomas Gottschalk „Wetten, dass…" abgegeben hat. Allerdings hat die Mediengeschichte gezeigt, dass kein großes Medium gänzlich verschwindet, so wie das Fernsehen auch nicht das Radio verdrängen konnte. Es wird weiterhin bewegte Bilder geben, die mit Ton unterlegt sind, aber vielleicht – und das deutet sich ja heute schon an – wird es kein Programm mehr in dem Sinne geben, dass man die Tagesschau nur um 20.00 Uhr sehen kann, sondern demnächst schaut man, was man will und wann man will.

Das Fernsehen wird verfügbarer sein – und hat sich flexibel den individuellen Bedürfnissen der Menschen anzupassen. Heute stehen wir noch am Scheideweg, gerade eben noch regelt das TV-Programm den Tagesablauf in Tausenden von Familien – doch bald schon wird es umgekehrt sein. *TV on demand* ist ein Schlagwort der Zukunft.

Ein Blick zurück schärft die Wahrnehmung des Wandels: Will man das Phänomen „Fernsehen" begreifen, kommt man an gewissen Kult-Sendungen nicht vorbei. „Wetten, dass …", ehemals mit Thomas Gottschalk, erfüllte lange Zeit die Funktion eines „Familienlagerfeuers". Einmal im Monat vereinte Gottschalk Generationen vor einem Bildschirm und erzielte achtstellige Traumquoten – und das allein war schon eine Kunst. Für das Medium Fernsehen war Gottschalk in Kombination mit der Show „ein Rattenfänger-Talent". In den letzten Jahren (vor seinem Weggang) musste aber auch er Federn (sprich Quote) lassen.

*„Kult-Sendungen" für alle gibt es nicht mehr*

### Was war passiert?

Gottschalk sah sich zunehmend mit dem Problem konfrontiert, es zu vielen Zuschauern „recht machen zu wollen". Er wollte die Oma **und** die Kids vor dem Bildschirm haben, er wollte jedermanns Geschmack treffen, was nun mal nicht möglich ist. Zudem verkam seine Talk-Couch zur Werbebühne für Kino-Premieren, Single-Charts und Buchpräsentationen. Niemand kam, der nicht irgendetwas vorzustellen oder zu verkaufen hatte. Und die „Show Acts" wurden sorgsam so gewählt, dass sie niemanden so richtig verschrecken konnten – aber eben auch nicht entsprechend begeisterten.

Aber es war auch so, dass sich das Zuschauerpotential veränderte und schlussendlich irgendwie keiner mehr diesen „Mittel-

*„Everybody's darling" funktioniert nicht*

weg" der Unterhaltung wollte. Der Quotenverlust der ehemaligen Kult-Sendung ist ein Indiz dafür, dass das Fernsehen seine Aura verliert. Das Fernsehen erzeugt kein Wir-Gefühl mehr. Dieser Wandel vollzog sich nicht von jetzt auf gleich, sondern deutet sich schon seit Jahren an. Die Vielzahl der verfügbaren Kanäle macht es heute ja einfach, schnell mal umzuschalten. Erst kamen die privaten Sender, dann rüstete man auch öffentlich-rechtlich mit Spartenprogramm nach.

## Kinderprogramm – der Wandel beginnt

Viele Mütter und Väter gehen heute sorgloser mit dem Medium Fernsehen um als früher. Schon 20 Prozent der Einjährigen sitzen nach einer Erhebung des Internationalen Zentralinstituts für das Jugend- und Bildungsfernsehen (IZI) regelmäßig vor dem Bildschirm, von den Dreijährigen fast 90 Prozent. Dies ist sicherlich auch darauf zurückzuführen, dass es inzwischen reine **Kinderfernsehen** Kindersender gibt, bei denen man relativ sicher sein kann, dass **kann doch nicht** nicht nach einem harmlosen Cartoon ein Trailer für das Spät- **schaden, oder?** programm läuft. Andere wissen noch nicht so recht, welche Rolle das Fernsehen in ihrem Familienleben eigentlich spielen soll. Für die meisten wird es so selbstverständlich hingenommen, so dass sie sich keine großen Gedanken über den Medienkonsum machen.

Fernsehen bildet, so hoffen jedenfalls viele Eltern, wenn sie den Nachwuchs „pädagogisch-wertvolle" Programm anschauen lassen. Aber: Kann Grobi aus der „Sesamstraße" Kindern tatsächlich den Unterschied zwischen „vorn" und „hinten" erklären? Er kann, meinen Medienpädagogen, denn nachgewiesen sei etwa, dass „Sesamstraßen"- Gucker sich mehr auf die Schule freuen, leichter Buchstaben erkennen und besser zählen können als Kinder, die gar nicht oder nur reines Unterhaltungsprogramm schauen.

Laut einer Langzeitstudie aus den USA kann gut gemachtes Kinderprogramm das Kurzzeitgedächtnis und die Lesefähigkeit trainieren. Und: Durch Sendungen wie „Willi will's wissen" oder „Die Sendung mit der Maus", erfahren Kinder, dass man Fragen auf den Grund gehen kann, wenn man nur hartnäckig genug dranbleibt. Im Idealfall lernen Kinder bei diesen Sendungen, Dinge nicht einfach hinzunehmen. Manchmal fördern sie sogar die natürliche Neugier.

Aber: Kinder lernen nur dann, wenn ihre Eltern mit ihnen über die Sendung sprechen. Kinder, deren Eltern das nicht tun, haben nachweislich kaum etwas von pädagogischen Sendungen.

## Fernsehen macht dick und dumm?

Wer vor der Glotze sitzt, bewegt sich nicht, und wer sich nicht bewegt, nimmt zu. Das ist so. Eine Vielzahl von Untersuchungen bestätigt das. Je länger und regelmäßiger Kinder vor dem Fernseher sitzen, desto höher ist auch ihr Body-Mass-Index. In einer amerikanischen Studie heißt es: „Die Wahrscheinlichkeit, übergewichtig zu werden, nimmt mit jeder zusätzlichen Stunde Fernsehen pro Tag um den Faktor 1,2 zu."

Fernsehen geht auch ansonsten nicht spurlos an Kindern vorüber: Die Universität Helsinki fand heraus, dass Fernsehen bei Kindern massive Schlafstörungen hervorrufen kann. Besonders schlecht schliefen Kinder in Familien, in denen der Fernseher täglich mehr als zwei Stunden im Hintergrund lief.

**Störungen bei Gewicht, Schlafen und Lernen**

Unbestritten ist der Zusammenhang zwischen TV-Konsum und Schulleistungen. Je länger Kinder fernsehen und je früher sie damit anfangen, desto schlechter schneiden sie in der Schule ab, und zwar unabhängig von ihrem IQ und dem Bildungsniveau ihrer Eltern.

Besonders negativ wirkt sich das Fernsehen auf die Lese- und Rechenfähigkeiten aus, wenn Kinder ein eigenes TV-Gerät besit-

zen, fanden wiederum US-Wissenschaftler heraus. Und eine neu-
seeländische Langzeituntersuchung weist – wenig überraschend
– nach: Wenig-Seher erzielen höhere Schulabschlüsse als Viel-Se-
her. Über die Gründe sind sich die Experten einig: Wer zu viel
Zeit vor dem Bildschirm verbringt, dem bleibt zu wenig Zeit,
echte Erfahrungen zu machen, die Welt mit den eigenen Händen
zu „begreifen", beim Spielen Herausforderungen zu meistern,
Bücher anzuschauen.

War vor diesem Hintergrund die Einführung von KIKA eine
wirklich gute Idee? Das Kinderprogramm war 1997 das erste,
das von ARD und ZDF in einen Extrakanal ausgelagert wurde.
Eltern konnten sich entspannt zurücklehnen, wussten sie doch
den Nachwuchs vor dem Bildschirm in „guten Händen". Der
Sender bietet ein zielgruppenorientiertes Programm für
3–13-jährige Zuschauer. Trick- und Realprogramme werden ne-
**Zuviel** ben Serien und Spielfilmen, Magazinen und Informationspro-
**Fernsehen –** grammen ausgestrahlt. Allerdings wurden die Sendezeiten suk-
**zu wenig** zessive erweitert, so dass man das Programm mit anderen Inhal-
**echtes Leben** ten bis spät in die Nacht hinein schauen kann.

Die Veränderungen des Programms sind deutlich erkennbar. Obwohl es von Anfang an eines der Ziele des Kinderkanals war, sowohl Real- als auch Trickserien zu zeigen, beträgt der Anteil an
Trickserien mittlerweile bis zu 85 Prozent des Gesamtpro-
gramms. Der Unterschied zwischen Werktags- und Wochenend-
programm verschwindet immer mehr, da viele Serien täglich ge-
sendet werden.

KIKA ist für Kinder gemacht und die ehrgeizige Zielgruppenbe-
stimmung „bis 13 Jahre" ist heute doch eher utopisch. Die meisten Kids jenseits der Grundschulzeit haben anderes im Sinn als
„Kinderkanal gucken".

## Mitmach-Fernsehen

Schon von jeher war das Fernsehen bemüht, in Interaktion mit den Zuschauern zu sein. Zu Anfang waren es noch Waschkörbe mit Postkarten, die ins Studio geschleppt wurden und aus denen dann ein oder mehrere glückliche Gewinner gezogen wurden. Das war noch ziemlich lange so, bis man den genialen Einfall mit dem Tele-Dialog hatte. Tele-Dialog – kurz TED genannt – ist heute eine Selbstverständlichkeit und öffnete die Tür fürs Mitmach-Fernsehen. Zum ersten Mal forderte 1981 Frank Elster (als er noch „Wetten, dass…"-Moderator war) die Zuschauer zu Hause auf: „Rufen Sie an! Wählen Sie den Wett-König!" Wie revolutionär diese Aufforderung war, lässt sich erst rückblickend erkennen. Ausprobiert hatte man „diese Erfindung" auf der Funkausstellung 1979 – und damals kostete es schlicht eine Telefongebühreneinheit, um beim TED mitzumachen.

Es dauerte nicht lang, da wusste man, dass man mit diesem Mitmach-Prinzip erstens richtig Kohle und zweitens richtig Quote machen konnte. Kohle deshalb, weil eine Gebühreneinheit nicht reichte, man hob den „Einsatz" einfach an. Und Quote brachte es auch, weil zumeist einem unter Tausenden von Anrufern ein Gewinn in Aussicht gestellt wurde. Heute hingegen ist es so, dass solche Anrufe ziemlich teuer sind und die Aussicht auf einen Gewinn ziemlich minimal – die Masse lockt man nunmehr über den Einfluss aufs Programm. Der Zuschauer entscheidet mit, welcher Kandidat beispielsweise weiterkommt und welcher rausfliegt. Erinnert das nicht ein bisschen an den römischen Zirkus: Daumen hoch oder Daumen runter entscheidet Schicksale? Gerade diese vorgegaukelte Mitmach-Masche erhöht die Zuschauerzahlen und die Bindung des Publikums ans Programm. So verlockend diese Mitmach-Illusion ist, Eltern sollten mit ihren Kindern darüber reden. Das schützt zwar nicht davor, solche Sondernummern dennoch auf der Rechnung wiederzufinden, aber ein bisschen Nachdenken kann es dann vielleicht schon anregen.

**Teure Mitmach-Masche**

## Wer wird Millionär?

Quiz- und Rateshows sind keine TV-Erfindung der letzten zehn Jahre, erfreuen sich dennoch ungebremster Beliebtheit. Die Macher, auch Quizmaster genannt, haben im Fernsehen Geschichte geschrieben – und jeder Name steht für eine Ära: Hans Joachim Kulenkampff, Hans Rosenthal – und heutzutage Günther Jauch.

**Rateshow – ein Dauerbrenner**

Tatsächlich lässt sich damit immer wieder ein fester Zuschauerstamm requirieren – denn so schlau wie die Kandidaten im Studio ist man zu Hause auf der Couch doch allemal. Gerade das Modell „Wer wird Millionär?" hat sich weltweit zum Dauerbrenner entwickelt. Denn hier kommt noch etwas hinzu: Ganz normale Menschen können zum Star und somit zum Millionär werden.

### Schlechte Nachrichten?

Wenn die Familie gemeinsam Fernsehen schaut, dann stehen häufig auch Nachrichten auf dem elterlichen Programm. Dass diese nicht unbedingt kindgerecht sind, liegt auf der Hand. In jedem Alter können Kinder davon überfordert werden – und deshalb sollte man stets gesprächsbereit sein, wenn in den Nachrichten mal wieder erschütternde Bilder gezeigt werden.

Für die kindliche Auffassungsgabe gibt es Kindernachrichten-Sendungen, die von verschiedenen Kanälen angeboten werden. Diese bringen tagesaktuelle Neuigkeiten auf kindgerechtem Niveau mit Hintergrundinfos, bei denen selbst Erwachsene noch etwas lernen können.

## Reality-Formate – getarnte Wirklichkeit?

Vielleicht ist es genau das, was das Medium Fernsehen heute macht: Es bindet den ganz normalen Zuschauer derart mit ein, dass er gerne „mitspielen" will. Da geht es den Erwachsenen nicht viel anders als den Kindern.

Reality-TV ist da schon eine andere Herausforderung, denn es rückt den Zuschauer nicht ins Rampenlicht, sondern schaut einfach zu, was er so macht, wenn er etwas macht. Dieses simpelste aller Formate rückt den Zuschauer selbst ins Zentrum des Interesses.

Inzwischen haben die Sender diverse Formate in diesem Bereich ausgetestet und von „Big Brother" bis zum Dschungelcamp („Ich bin ein Star, holt mich hier raus!") dem Zuschauer nichts erspart. Aus diesem Experimentierstadium ist man jetzt raus und hält auch aufs normale Leben einfach mal die Kamera drauf. „Skripted Reality" (getarnte Realität) nennt man diese neuen Sendeformate. Und: 68 Prozent der Kinder und Jugendlichen schauen diese Sendungen gerne an.

**Doku-Formate vermitteln nur Schein-Realitäten**

„Berlin Mitte" oder „Familien im Brennpunkt" sind solche Formate, die „mitten aus dem Leben gegriffen" sind und sich ganz gezielt an eine jugendliche Zielgruppe wenden. Die Laien vor der Kamera „spielen" ihr eigenes Leben – und über das, was die Erwachsenen todlangweilig finden, lachen sich die Kids schlapp. Irgendeine Form der Handlung kann man darin nicht erkennen, dafür reiht sich eine Peinlichkeit an die nächste.

In diesen neuen Sendeformaten wird Erfundenes im Doku-Stil erzählt. Diese Sendungen bieten scheinbar einen Blick in den Lebensalltag gewöhnlicher Menschen; es handelt sich jedoch um eine Scheinrealität. Es werden dabei normale Szenarien überspitzt dargestellt, wodurch bewusst grenzwertige Situationen geschaffen werden. Sehr häufig geht es dabei um Streit und verbale Provokationen. Fatalerweise sind vor allem junge Zuschauer davon fasziniert.

Da es Kindern ohnehin schwer fällt, zwischen Fiktion und Realität zu unterscheiden, sollten die Eltern diese Sendungen gemeinsam mit den Kindern anschauen und über das Gezeigte mit ihnen sprechen.

Die gute Nachricht ist: Die meisten Kinder lassen sich dadurch nicht wirklich beeinflussen, auch die sprachliche Vielfalt ist nicht gefährdet, denn sie findet hier schlicht nicht statt. Hier wird vielmehr der Voyeurismus befriedigt, und der transportiert die schlichte Erkenntnis: Den Kids in Berlin-Mitte geht es auch nicht besser (aber eher schlechter?) als uns.

## Castingshows: Der Fernseh-Dauerbrenner

Zugegeben, der Cut ist hart – aber ehe man es sich versieht, sind die Kleinen aus dem KIKA–Alter raus. Heidi Klums Show „Germany's next Topmodel" geht gerade mal wieder in die nächste Runde, nebenbei suchen Eva Padberg und Karolina Kurkova das „perfekte Model", und Dieter Bohlen ist wieder einmal einem vermeintlichen „Superstar" auf der Spur – und das mal ganz abgesehen von Menschen mit dem „X-Factor" oder solchen, die ein „Super-Talent" sein könnten.

**Castingshows sind Quotenbringer**

Es vergeht kaum ein Abend ohne Castingshow im Fernsehen. Und es gibt kaum einen Jugendlichen, der da noch nie reingeschaut hat: Mit Marktanteilen von bis zu 60 Prozent sind Castingshows der Quotenbringer des neuen Jahrtausends. Aber woher kommt es, dass mittlerweile sogar jüngere Kinder schon infiziert sind vom Castingwahn? Die Massen an überteuerten Merchandise-Artikeln in den Kaufhäusern, vom Schreibblock bis zur Schminke mit dem Logo der Sendung gestylt, sprechen ebenfalls Bände. Sind die Inhalte der Castingshows sogar gefährlich? Und was können Eltern machen, deren Kinder unbedingt die Topmodels und Superstars sehen wollen?

## Sollen Eltern mitgucken oder lieber verbieten?

Es gibt schlicht kein Phänomen der Medienwelt, das nicht schon
einmal mit irgendeiner Studie untersucht wurde. Und manchmal
lassen sich daraus auch durchaus interessante Antworten ablei-
ten. Das Internationale Zentralinstitut für das Jugend und Bildungsfernsehen (IZI) rät vom Verbieten solcher Programm beispielsweise ab. Ihr Argument: Die Shows haben sich zu den
neuen Familienformaten entwickelt. Was früher „Wetten, dass
…" war, sind heute eben „The Voice of Germany" oder
„Germany's next Topmodel".
Und – Hand aufs Herz –, manche Eltern schauen auch recht
gerne zu, wenn Heidi Klum ihre Mädels wieder mal zusammen-
faltet. Häufig übernehmen die Kinder die Begeisterung für diese
Shows sogar von den Eltern. Was außerdem nicht zu vergessen
ist: Wer am nächsten Tag in der Schule mitreden will, sollte
schon wissen, wer auf dem Laufsteg gestolpert ist, wer den falschen Ton getroffen hat und wer die Zicke in der Modelvilla ist.
Eltern, die das Schauen von Castingshows strikt verbieten, haben schlechte Karten. Denn: Bloßes Schlechtreden bringt nichts!
Der erhobene Zeigefinger und ein „Diesen Mist schau' ich mir
nicht länger an" sind sogar kontraproduktiv. Vielmehr sollten
die Eltern die Sendungen mit kritischen Augen sehen und dann
versuchen, auch ihren Kindern klar zu machen, dass das im
Fernsehen Gezeigte nicht der Realität entspricht und dass auch
die Kandidaten nur „das Material" einer Unterhaltungsshow
sind. Die Suche nach einem Topmodel oder einem Superstar, wie
es der Titel der Sendung vorgibt, ist nicht das Ziel, sondern die
Unterhaltung des Publikums.

**Ziel ist die
reine Unterhaltung**

Denn die Zuschauer werden bei den Castingshow-Formaten immer in eine bestimmte Richtung gelenkt, die Kandidaten bestimmten „Typ-Kategorien" zugeordnet. Erwachsene können diese Inszenierung erkennen, Kinder dagegen müssen das erst lernen. Es geht darum, die Inhalte kritisch zu hinterfragen. Deshalb müssen Eltern auch mit den Kindern darüber sprechen, wie sich ein Castingshow-Kandidat fühlt, dessen Traum gerade zerplatzt ist. Den Kindern muss bewusst werden, dass das, was gerade so lustig erscheint, eigentlich eine Demütigung der Kandidaten ist.

---

### Ablenken statt Gegenreden

Medienkompetenz lässt sich beispielsweise so verbessern: Raten Sie gemeinsam mit den Kindern (anhand des Einspielers, mit dem ein Kandidat vorgestellt wird), ob dieser von Bohlen mit dem Recallzettel in die nächste Runde oder mit einem hämischen Spruch nach Hause geschickt wird.

---

**Ein falsches Schlankheitsideal**

Bei „Germany's next Topmodel" kommt noch ein anderer Faktor hinzu: Die Kinder und Jugendlichen vergleichen sich mit den Teilnehmerinnen. Die „Dr.-Sommer-Studie" der Jugendzeitschrift BRAVO liefert dazu erschreckende Zahlen: Bei der ersten Erhebung (2006), also noch vor der ersten Staffel von „Germany's next Topmodel", waren rund 70 Prozent der Mädchen mit ihrem Gewicht zufrieden. In der zweiten Untersuchung im Jahr 2009 gab dagegen jedes zweite Mädchen an, sich zu dick zu fühlen – trotz Normalgewicht. Damals lief gerade die vierte Staffel der Modell-Show und das legt nahe, dass die Sendung mit den propagierten Leitbildern an der Veränderung des Körperbewusstseins der jungen Mädchen nicht ganz unschuldig ist. Die Folgen sind entsprechend – Bulimie und Magersucht sind wieder auf dem Vormarsch.

> Die „Dr.-Sommer-Studie"2009 bestätigt diese Befürch-
> tungen: 34 Prozent der befragten Mädchen hatten schon
> mindestens eine Diät hinter sich.

In mancher Hinsicht ist die Heidi Klum Show „gefährlicher" als
beispielsweise DSDS. Die überspitz-fiesen Kommentare eines
Dieter Bohlen erkennen selbst Kinder relativ leicht, werden kritisch und versuchen sich davon abzugrenzen.
In der Sendung von Heidi Klum sind die Mechanismen subtiler.
Gerade wenn Mutter und Tochter gemeinsam die Show anschauen, entwickelt sich schnell eine Eigendynamik. Besonders
wichtig ist es, auf keinen Fall der Jury zu zustimmen und über
Kandidatinnen zu lästern. Das Kind stellt sich vielleicht dann
abends noch vor den Spiegel und muss feststellen, dass es auch
die eine oder andere Macke hat.

## Ist Ausschalten nicht die bessere Alternative?

Grundsätzlich ist es keine Schande, mit Begeisterung Castingshows anzuschauen. Nur sollten dabei ein paar Regeln eingehalten werden: Die Kinder auf keinen Fall alleine vor den Fernseher
lassen und hinterher oder währenddessen über die Inhalte sprechen. Denn: Kinder müssen lernen, dass es viel Wichtigeres gibt
als ein „Ich habe heute leider kein Foto für dich" von Heidi
Klum.
Ganz auf das Fernsehen zu verzichten scheint eine unrealistische
Forderung zu sein – und wer dieses Buch bis zum Ende gelesen
hat, der weiß ohnehin, dass die Gefahren unterschiedlichster Art
wirklich überall in der Medienwelt lauern.
Bleiben Sie Eltern und werden Sie Partner des Kindes, nur so
schaffen Sie eine Vertrauensbasis, die Medienkompetenz nachhaltig fördert.

**Die Mechanismen der Shows mit den Kindern besprechen!**

## Fünf Regeln für den TV-Konsum

1. Der Fernseher gehört nicht ins Kinderzimmer. Treffen Sie mit Ihren Kindern klare Vereinbarungen, wann, was und wie lange sie fernsehen dürfen.
2. Gemeinsam mit den Kindern fernsehschauen, das wäre ideal. Je jünger die Kinder, desto mehr Feedback brauchen sie von den Eltern.
3. Fernsehen heißt nicht automatisch stillsitzen. Wenn Ihr Kind während der Sendung spricht oder herumläuft, verarbeitet es unter Umständen das gerade Gesehene.
4. Erlauben Sie dem Fernsehen nicht, Ihren Tagesablauf zu gestalten! Als Belohnung oder Bestrafung taugt es ebenso wenig. Seien Sie Vorbild, was den Fernsehkonsum betrifft.
5. Aber: Haben Sie kein schlechtes Gewissen. Kinder brauchen das Fernsehen auch ab und zu, um sich zu informieren und zu lernen, genauso zum „Abschalten" und zur Inspiration, um danach wieder kreativ durch Spielen in eine eigene Fantasiewelt abzutauchen.

## Nachwort

Ein Buch über die Förderung von Medienkompetenz bei Kindern und Jugendlichen zu schreiben, war eine große Herausforderung. Mehr als einmal wurde mir klar, dass die Informationen, die hierin enthalten sind, nur ein Grundraster zur persönlichen Orientierung im Netz sein können. Die Entwicklung ist so rasant, dass kaum jemand Schritt halten kann, der sich nicht Tag für Tag mit den digitalen Medien beschäftigt. Aus diesem Grund kann auch kein Anspruch auf Vollständigkeit erhoben werden. Vielmehr möchte ich die erwachsenen Leser auffordern, sich auf den Internet-Seiten, die im Anhang folgen, en Detail zu informieren, um stets aktuell informiert zu sein.

Für die fachkompetente Unterstützung beim Schreiben dieses Buches danke ich meiner Familie, ganz besonders meiner Tochter Lisa und meinem Sohn Niklas.

## Anhang

### Interessante Literatur und Quellen

**Bücher**
Adler, Eric, Schlüsselfaktor Sozialkompetenz, Berlin, 2012
Baacke, Dieter, Kinder im Blick-Medienkompetenz, Bundes-
    zentrale für Politische Bildung
Baacke, Dieter (Hrsg.): Weltbilder. Wahrnehmung. Wirklichkeit,
    Opladen, 1995
Czerny, Sabine, Was wir unseren Kinder in der Schule antun,
    München, 2010
Faerman, Juan, Faceboom – wie das Soziale Netzwerk Facebook
    unser Leben verändert, München, 2010
Raab, Klaus, Wir sind online – wo seid ihr?, München, 2011
Schinkel, Andreas, Freundschaft, München 2003
Spitzer, Manfred, Digitale Demenz, München, 2012
Turkle, Sherry, Verloren unter 100 Freunden. Wie wir in der
    digitalen Welt seelisch verkümmern, München 2012
Winterhoff, Michael, Lasst Kinder wieder Kinder sein!,
    Gütersloh, 2011

**Zeitschriften**
Der Spiegel, 27/12: Sei doch mal still! Anleitung zu einer digitalen Diät (Titel); iPhone, also bin ich, ebenda, S. 62 ff.
Stern, 33/12: iSolation, Immer online, aber sprachlos (Titel); ifa-
mily, S. 66; Begleiten Sie Ihr Kind und setzen Sie Grenzen, S. 76

**Studien**
Mobile Enabling of Virtual Teams in School – An Observational
Study on Smart Phone Application in Secondary Education, Grischa Schmiedl, Thomas Grechenig, Birgit Schmiedl, ICETC
2010, Shanghai, China.

## Internet-Quellen

www.manager-magazin.de          www.verivox.de
www.lbs.de /Kinderbarometer     www.statista.com
www.Saferinternet.at
www.mpfs.de                     www.bundesnetzagentur.de


www.usk.de                      www.nielsen.com
www.Internet-abc.de             www.klicksafe.de


## Websites für Eltern & Kinder

www.handsektor.de               www.fragfinn.de

www.elternundmedien.de          www.handykontor.de

www.helles-koepfchen.de         www.saferinternet.at
                                www.klicksafe.de
www.schau-hin.info              www.trampeltier.de
                                www.spieleratgeber-nrw.de
www.blinde-kuh.de               www.spielbar.de
                                www.tauschnix.de.